PARTAGE D'ASCENDANT

EN DROIT FRANÇAIS

THÈSE POUR LE DOCTORAT

PAR THIROUX

Avocat à la cour impériale de Paris

Né à Villemomble, le 27 Avril 18..

PARIS

IMPRIMERIE DE ...

Rue des Fossés-Saint-Jacques

1864

DE L'ACTION FAMILIÆ ERCISCUNDÆ

EN DROIT ROMAIN.

DU

PARTAGE D'ASCENDANT

EN DROIT FRANÇAIS.

THÈSE POUR LE DOCTORAT

PAR **THUROUX**

Avocat à la Cour Impériale de Paris

Né à Villemomble, le 27 Avril 1840.

SOUTENUE

Le Jeudi 9 Juin 1864 à midi

En présence de M. l'Inspecteur-Général **Ch. GIRAUD.**

Président : M. DUVERGER, Professeur.

SUFFRAGANTS : { MM. BONNIER / DEMANGEAT / COLMET DE SANTERRE } Professeurs

GIDE — Agrégé

PARIS.

IMPRIMERIE MOQUET

11, Rue des Fossés-Saint-Jacques, 11.

1864

A MA MÈRE.

C.

DROIT ROMAIN.

DE

L'ACTION FAMILIÆ ERCISCUNDÆ

PRÉLIMINAIRES.

Nous avons à étudier l'action *familiæ ercis-cundæ*, c'est-à-dire à rechercher quels étaient en droit romain les principes qui régissaient le partage d'une hérédité.

Cette étude, indépendamment de son importance propre et de l'intérêt qu'elle présente par elle-même, nous sera encore d'un grand secours dans le travail que nous nous proposons de faire n droit français sur le partage d'ascendant. En effet, c'est dans l'action *familiæ erciscundæ* que nous verrons se former peu à peu, d'abord par application des principes généraux, et plus tard par des innovations législatives, les règles qui ont servi de base à notre institution moderne du partage d'ascendant.

Même en dehors de l'intérêt historique que présente l'action *familiæ erciscundæ*, considérée dans ses rapports avec le partage d'ascendant moderne, elle pourra encore, au point de vue de l'interprétation même des textes, nous fournir dans plusieurs circonstances d'utiles éléments de solution. Le partage d'ascendant en effet, bien que formant une institution spéciale, n'est cependant qu'une espèce particulière de partage ; et dès lors, souvent nous aurons à transporter dans le partage d'ascendant les règles de l'action *familiæ erciscundæ* introduites dans notre droit par l'intermédiaire de l'action en partage ordinaire. Notre droit français, il est vrai, a admis sur l'effet du partage un système diamétralement opposé au système romain. Il y aura donc là une source de différences importantes dont nous devrons tenir compte ; mais sur un grand nombre d'autres points également fort importants, comme la garantie, la rescision pour lésion, le règlement des obligations réciproques des héritiers, etc., nous retrouverons entre le droit romain et le droit français une similitude complète qui nous permettra de transporter dans le second les solutions données par le premier.

Nous diviserons cette étude en huit chapitres :

Dans le premier nous donnerons la définition de l'action *familiæ erciscundæ;*

Dans le second nous rechercherons sa nature;

Dans le troisième nous la comparerons avec les actions voisines ;

Dans le quatrième nous verrons en quel cas elle se délivre, et quelles sont les exceptions qui peuvent lui être opposées;

Dans le cinquième nous traiterons des personnes auxquelles elle appartient;

Dans le sixième de son objet ;

Dans le septième de la mission du juge ;

Dans le huitième enfin des effets du partage.

CHAPITRE PREMIER.

DÉFINITION ET NATURE DE L'ACTION FAMILIÆ ERCISCUNDÆ.

L'action *familiæ erciscundæ* est une action qui est donnée à un cohéritier contre son cohéritier pour parvenir au partage de l'hérédité commune.

L'utilité ou pour mieux dire la nécessité de cette action a dû de bonne heure la faire introduire dans la législation ; aussi voyons-nous dans la loi 1, D., h., t. qu'elle remonte jusqu'à la loi des **XII Tables.**

Voici comment Jacques Godefroy propose de

rétablir le passage de la loi des XII tables qui, traitait de ce point : « *Nomina inter heredes pro portionibus hereditariis ercta cita sunto ; cæterarum familiæ rerum ercto non cito, si volent heredes erctum citum faciunto : prætor ad erctum ciendum arbitros tres dato.* »

Du reste le nom même de cette action montre assez son ancienneté.

Le verbe *erciscere* est un mot de la vieille latinité ; il contient deux idées contradictoires ; dans la première partie, *erctum* que Festus fait dériver du verbe *coercere*, il y a l'idée d'indivision ; dans la seconde (*citum*), l'idée de partage. L'ensemble signifie donc partager ce qui était indivis.

Quant au mot *familia*, dont le sens vague exprime tantôt l'ensemble des personnes unies par des liens de parenté civile ou naturelle plus ou moins étendus, tantôt les esclaves soumis au même maître, tantôt même la réunion des parents et des esclaves, il signifie ici l'ensemble des biens de toutes sortes laissés par le défunt, ce que nous indiquons en français par le mot patrimoine.

Il serait à désirer que la formule de l'action nous eût été conservée ; mais elle ne nous est pas intégralement parvenue ; et tous les efforts de reconstruction, seront toujours condamnés à l'incertitude et à l'arbitraire.

Quand on examine la nature d'une action, la première question à se poser est celle de savoir si cette action rentre dans la classe des actions réelles ou dans celle des actions personnelles. C'est là en effet, d'après Justinien lui-même, la division fondamentale des actions, celle qui, reposant sur la nature même des choses, permet d'établir entre ces actions des différences essentielles qui constituent leurs caractères spéciaux.

L'action réelle est celle par laquelle un demandeur, abstraction faite de toute personne, poursuit une chose corporelle ou incorporelle, afin de pouvoir en retirer tous les avantages que cette chose comporte. L'action personnelle, au contraire, est celle par laquelle le demandeur poursuit une personne déterminée pour obtenir d'elle l'exécution d'une obligation.

Or, en présence de ces définitions, on ne saurait hésiter à faire entrer l'action *familiæ erciscundæ* dans la classe des actions personnelles.

Quelle est en effet sa cause, son origine? Une obligation : l'obligation que le fait même de l'indivision engendre entre les héritiers.

Contre qui s'intente-t-elle? Contre une personne parfaitement déterminée d'avance par le lien obligatoire de la communauté.

Enfin quel but poursuit-elle? Sans doute l'attribution exclusive de certains biens; mais ce n'est là que le but éloigné de l'action; ce n'est que sa conséquence dernière et indirecte. Son but immédiat, c'est la cessation des rapports d'obligation qui existaient entre les cohéritiers.

Pour confirmer la vérité de cette analyse, nous pouvons citer un texte qui donne formellement à notre action la qualification d'action personnelle : c'est une constitution de Justinien au Code, *de annali exceptione*, 1, § 1. Un texte de Paul 1, *fin. reg.* D., s'exprime de même pour l'action *finium regundorum*, et les raisons de décider sont les mêmes pour les deux actions.

Ainsi notre action est une action personnelle.

Mais nous lisons au § 20, du titre des actions, aux Instituts : *Quædam actiones mixtam causam obtinere videntur tam in rem quam in personam, qualis est familiæ erciscundæ actio, quæ competit coheredibus de dividenda hereditate. Item communi dividundo quæ inter eos redditur inter quos aliquid commune est, et ut dividatur; item finium regundorum quæ inter agitur qui confines agros habent.*

Or, quel sens donnerons-nous à ce texte? Dirons-nous qu'il y a une classe d'actions à la fois réelles et personnelles dont notre action fait partie? Dès lors n'est-elle plus vraiment une action personnelle; et nos assertions sur ce point vont-elles être démenties?

Cette difficulté exige que nous précisions la nature des actions mixtes dont notre action fait certainement partie; et pour cela il nous faut d'abord **expliquer** le § des Institutes que nous venons de citer.

Il a donné lieu à de nombreux systèmes.

D'abord il nous faut écarter des confusions que le mot même d'action mixte pourrait faire naître. Il ne s'agit pas ici des actions dites mixtes, en ce sens qu'elles poursuivent à la fois et la chose et une peine (*tam pœnales quam rei persecutoriæ*, Institutes, *de actionibus*, § 19).

Il ne s'agit pas non plus des actions mixtes ou plutôt doubles, dans lesquelles chacune des parties est à la fois demanderesse et défenderesse. (Inst., *de Interdictis*, § 7).

Toutefois un premier système a cru pouvoir donner ici ce sens au texte dont nous nous occupons. Ce système se fonde sur le sens qu'a dans le § 3, *de actionibus*, aux Institutes, l'expression *tam in rem quam in personam*. D'après lui il faut traduire ainsi le texte : Certaines actions ont ce caractère spécial que chacun y joue à la fois le rôle de demandeur et celui de défendeur ; et de ces actions il y en a parmi les actions réelles comme parmi les actions personnelles.

Mais ce système est généralement rejeté. En effet, il ne tient pas compte de la tournure dubitative du texte qui semble bien indiquer un caractère beaucoup plus délicat et plus difficile à saisir, que ce fait si simple à constater du double rôle joué par chaque partie. En outre ce système

devrait, pour être admissible, montrer au moins
une action réelle où chaque partie soit à la fois
demanderesse et défenderesse, or il n'a jamais pu
le faire Aussi bien, dans un texte déjà cité, nous
avons vu Justinien dire de la façon la plus formelle
que les trois actions mixtes sont personnelles.

Un second système, soutenu entre autres par
Walter et Ducauroy, prétend que nos actions sont
mixtes en ce sens qu'elles ont un double objet.
C'est ainsi qu'aux Institutes même, dans le titre
de la substitution pupillaire, § 2, nous voyons le
mot *causa* employé dans le sens d'objet : « *Unum
est testamentum duarum causrum, id est duarum hereditatum.* » En effet, a-t-on dit, l'action
familiæ erciscundæ a deux objets; elle pour-
suit un droit réel, car elle tend à obtenir l'adjudication de certains biens ; elle poursuit un droit
personnel, car elle tend à faire prononcer en
faveur d'un copartageant des condamnations
contre son cohéritier.

Ce système nous paraît encore inadmissible ;
en effet, ses conséquences le condamnent : s'il
suffit pour qu'une action soit mixte qu'elle puisse
aboutir à la fois à l'attribution d'un droit réel et
à des condamnations personnelles, toutes les
actions réelles et la revendication elle-même, qui
en est le type, vont devenir des actions mixtes.
Toutes en effet ne peuvent-elles pas poursuivre
à la fois et la constatation d'un droit réel, et une

condamnation personnelle contre le défendeur ?
Or, il est certain que la qualification d'actions
mixtes a toujours été limitativement réservée
aux trois actions qu'énumère le § 20 des Institutes.

Arrivons donc à un troisième système. Dans
ce système généralement suivi dans notre ancien
droit, sur la foi de Donneau et de Cujas, on dit
que notre action est appelée mixte parce qu'elle
se fonde à la fois et sur un droit réel et sur un
droit personnel. Ainsi, tandis que l'opinion précédente s'attache aux résultats que doit produire
l'action en partage, celle-ci s'attache aux causes
mêmes qui produisent cette action. Sans doute,
dit-elle, il est impossible que l'*intentio* d'une action soit à la fois conçue et *in rem* et *in personam*. Il y a là deux rédactions contradictoires qui
se repoussent; mais cette incompatibilité évidente
pour la rédaction de la formule n'existe plus
pour la nature même de l'action : on conçoit parfaitement que cette action se puisse fonder à la
fois sur un droit de propriété et sur un droit de
créance. Or, après la disparition du système for-
mulaire, on s'attachait pour qualifier une action,
non plus à sa formule, mais à sa nature même.
Dans les actions divisoires, les droits qu'on in-
voque reposent à la fois et sur la copropriété ou
le voisinage et sur les obligations personnelles
que cette copropriété ou ce voisinage impose. On

a donc pu qualifier de mixtes des actions fondées ainsi sur une double cause.

A ce système nous ferons la même objection qu'au précédent. Dans un grand nombre d'actions, dans les actions *commodati*, *locati*, pour ne citer que deux exemples, on peut poursuivre le défendeur en vertu de deux droits : droit-réel de propriété, droit de créance né du contrat de commodat ou de louage ; cependant jamais dans les textes ni dans la doctrine on n'a appelé ces actions des actions mixtes ; cette qualification a toujours été réservée aux trois actions divisoires. Donc ce n'est pas à ces caractères que nous pourrons reconnaître les actions mixtes.

Un cinquième système, soutenu entre autres par M. Ortolan, reconnaît que les actions divisoires se fondent avant tout sur **un** droit de créance, et sont bien des actions personnelles; mais il remarque que quelquefois, dans ces actions, le juge se trouve amené indirectement à statuer sur une question de propriété, et c'est dans cette circonstance qu'il voit leur caractère distinctif.

Ainsi c'est ce qui arrivera dans l'hypothèse de la loi 1, § 1 de notre titre.

Une personne intente l'action *familiæ erciscundæ*, le défendeur oppose l'exception préjudicielle qui consiste à nier la qualité d'héritier chez l'adversaire. Deux résultats pourront se produire :

ou le demandeur ne possède pas, et alors l'exception *si præjudicium hereditati non fiat* écartera provisoirement sa réclamation et le forcera à intenter la pétition d'hérédité; ou il possède, et alors l'exception préjudicielle ne peut écarter sa demande, et, dans ce cas, le juge de l'action *familiæ erciscundæ* se trouve amené indirectement à statuer sur une question de propriété. Il en sera absolument de même pour l'action *communi dividundo*; seulement l'exception préjudicielle changera de nom. Quant à la troisième action mixte, l'action *finium regundorum*, presque toujours le juge y statuera à la fois sur une question de propriété et sur une question d'obligation; en effet, d'ordinaire le débat portera sur l'endroit où doit se placer la limite; et le juge, en la fixant en un lieu déterminé, tranche par là même la question de propriété qui divisait les parties.

Cette explication ne nous paraît pas encore satisfaisante; en effet, pour qu'un caractère soit tellement important qu'il donne un nom spécial aux actions qui en sont revêtues, et les classe dans une catégorie particulière, il faut au moins qu'il soit essentiel à ces actions, et ne s'y présente pas seulement dans certaines circonstances presque exceptionnelles, et sous la forme d'accident. C'est pourtant ce qui se produit à propos du caractère indiqué; l'action *finium regundorum* peut avoir pour but unique de contraindre au bornage, sans qu'aucune question de propriété soit engagée ; les actions *familiæ erciscundæ* et *communi dividundo* amèneront le juge à statuer sur une question de propriété seulement dans les cas peu fréquents où pourra s'opposer l'exception préjudicielle, et, même dans ces cas, seulement lorsque le demandeur sera en possession. Des circonstances si accidentelles ne peuvent avoir servi de base à la qualification d'une classe d'actions.

Cette observation nous conduit à exposer enfin l'opinion que nous croyons devoir admettre. Nous venons de remarquer que la qualification d'une action doit s'emprunter à un caractère distinctif et permanent : or, recherchons s'il n'y a pas dans les actions divisoires une particularité permanente qui les caractérise. Nous croyons trouver cette particularité dans le pouvoir d'adjuger qui, étant toujours donné au juge dans ces actions et dans elles seules, les classe par cela même dans une catégorie spéciale. Ce caractère est tellement important et distinctif, qu'il a fait introduire dans la formule même une partie nouvelle qui a pris le nom d'*adjudicatio*.

Enfin dans le même § **20** des Institutes qu'il s'agit d'interpréter le législateur semble lui-même suggérer l'explication que nous donnons. En effet il insiste sur le caractère particulier de ces actions et nous dit : *In quibus tribus judiciis permittitur judici rem alicui ex litigatoribus bono* *et æquo adjudicare ; et si unius pars prægravare videbitur eum invicem certa pecunia alteri condemnare.*

Mais, dira-t-on, en quoi l'*adjudicatio* rapproche-t-elle des actions réelles les actions divisoires qui sont personnelles par leur nature?

Le voici : sans doute l'*adjudicatio* n'est pas la même chose que le *jussus* du juge qui peut suivre une action réelle. Dans l'action réelle le juge recherche si la propriété existait antérieurement, il la constate par son jugement, et en ordonne la restitution ; au contraire par l'*adjudicatio* le juge crée une propriété nouvelle, et l'attribue à l'une des parties; le procédé est donc tout autre; mais au fond le résultat est le même. La propriété vient d'une source différente; mais son origine ne change pas sa nature qui dans les deux cas reste identique. Ce fait, remarqué par les jurisconsultes romains, les aura portés à rapprocher les actions divisoires des actions réelles, et à leur donner le nom d'actions mixtes pour indiquer le rapprochement qu'ils établissaient entre elles.

Cette explication est d'autant plus admissible que dans les textes mêmes nous trouvons le mot *adjudicatio* employé pour signifier, non pas la constitution d'une propriété nouvelle, mais la reconnaissance d'un droit réel préexistant. On peut citer en ce sens les lois 16, § 5, de *pignoribus et hypothecis* et la loi 12, *qui pot. in pignore.*

Ainsi notre action *familiæ erciscundæ* est une action mixte « *tam in rem quam in personam,* » et nous entendons par là que, bien que personnelle par sa nature, elle produit par l'*adjudicatio* des effets semblables à ceux du *jussus* dans les actions réelles.

Nous avons déjà reconnu deux caractères principaux à l'action *familiæ erciscundæ* : elle est personnelle et mixte. C'est aussi une action de bonne foi.

A partir de Gordien on ne peut contester ce caractère à notre action : en effet, dans la loi 9, Code *familiæ erciscundæ,* Gordien la qualifie formellement d'action de bonne foi; et plus tard Justinien la comprend dans l'énumération qu'il donne de ces actions.

Mais c'est une question très controversée que celle de savoir s'il en a toujours été ainsi à l'époque classique. Ce qui fait naître le doute à cet égard, c'est que cette action ne se trouve ni dans l'énumération des actions de bonne foi donnée par Cicéron, ni dans celle de Gaïus (Cicéron *de officiis* 3, 15, 17, et Topiques, T. XVII; Gaïus, Comm. 4, § 62).

Malgré ce double silence, nous pensons que, même à l'époque classique, notre action était considérée comme une action de bonne foi. D'abord l'énumération faite par Cicéron est fort ancienne, et ne paraît pas limitative ; le silence de Gaïus, quoique plus significatif, peut s'expliquer par une altération du texte où M. de Savigny a constaté d'importantes lacunes. Ensuite nous voyons Julien, dans la loi 52, § 2, h. t., admettre la compensation entre les condamnations diverses qui peuvent résulter de notre action, ce qui est un caractère propre aux actions de bonne foi. Enfin on voit sans cesse que le juge peut dans cette action tenir compte *ex æquo et bono* de toutes les circonstances susceptibles de modifier la situation des parties. Deux fois seulement (lois 18 et 39, h. t.) le texte parle d'opposer une exception de dol, mais on peut soutenir avec Cujas, en invoquant la loi 7 *de pactis*, que les mots exception de dol ne signifient ici qu'un moyen de défense ordinaire dont le juge lui-même devrait tenir compte ; on peut même prétendre que ces textes ne se réfèrent pas à l'action *familiæ erciscundæ*, mais le premier à la revendication et le second à la pétition d'hérédité.

Enfin elle est une action double, c'est-à-dire que chaque cohéritier y joue à la fois un double rôle, celui de demandeur et celui de défendeur. Ce caractère est spécial aux actions divisoires et aux deux interdits *uti possidetis* et *utrubi*.

Il en découle plusieurs conséquences importantes. D'abord chacune des parties pourra être condamnée envers l'autre, puisque chacune est défenderesse. Ensuite chaque cohéritier devra prêter deux fois le *jusjurandum calumniæ* (L. 44, § 4, h. t.), une première fois comme demandeur, une seconde comme défendeur.

Par suite du même principe, si le procès est soutenu par un *procurator*, celui-ci devra fournir et la caution *ratam rem dominum habiturum* en qualité de demandeur, et la caution *judicatum solvi* en qualité de défendeur (l. 15, § 1, D. *de procur.*).

D'après ce que nous venons de dire, s'il y a ici intérêt à connaître le défendeur, ce n'est pas pour savoir qui peut être condamné, puisque les deux parties peuvent l'être; mais il fallait bien fixer l'ordre dans lequel se ferait la preuve, et s'entendraient les plaidoiries. Aussi voyons-nous Gaïus nous dire dans la loi 2, § 1, Dig., c. d. qu'on considère comme demandeur celui qui a soulevé la question. Si les parties avaient été d'accord pour intenter l'action, le sort trancherait la difficulté.

Nous avons terminé l'étude des principaux caractères de l'action *familiæ erciscundæ*; nous allons examiner maintenant dans quels cas elle était donnée. En nous permettant de comparer l'action *familiæ erciscundæ* à certaines actions voisines, ce nouvel examen achèvera de préciser sa nature.

CHAPITRE II.

COMPARAISON DE L'ACTION FAMILIÆ ERCISCUNDÆ
AVEC L'ACTION COMMUNI DIVIDUNDO ET AVEC
LA PÉTITION D'HÉRÉDITÉ.

L'action *familiæ erciscundæ* ne se donne que pour le partage d'une hérédité.

Ainsi elle a pour but un partage et ce partage a pour objet une hérédité.

Le but de notre action la rapproche de l'action *communi dividundo* qui, elle aussi, se propose le partage des choses communes.

Son objet la rapproche de l'action en pétition d'hérédité qui comme elle porte sur l'universalité des choses héréditaires.

De cette communauté de but ou d'objet devront nécessairement découler quelques similitudes; nous allons les rechercher; tout en les constatant, nous préciserons les différences qui continuent de séparer ces actions voisines.

L'action *communi dividundo*, d'après certains textes, poursuit le partage de toute chose indivise, quelle que soit la cause de l'indivision ; l'action *familiæ erciscundæ* poursuit, comme nous l'avons vu, le partage d'une hérédité indivise. Il semble résulter de ce rapprochement que le partage d'une hérédité rentre lui-même dans l'objet de l'action *communi dividundo*, comme l'espèce rentre dans le genre.

Dès lors l'action *communi dividundo* pourra s'appliquer même au partage d'une hérédité en concours avec l'action *familiæ erciscundæ*. Cette conséquence est formellement exprimée dans la loi 44 pr. de notre titre et dans la loi 34, *in fine pro socio*, Dig.

Mais alors une double difficulté se soulève. C'est d'abord la raison qui réclame : l'action *familiæ erciscundæ* est donc inutile puisqu'une action plus générale, l'action *communi dividundo*, pourra toujours s'intenter à sa place? C'est ens ite un texte qui contredit formellement notre solu- tion : la loi 4 dit que l'action *communi divi- dundo* ne s'applique pas au partage d'une héré- dité.

Cette double objection est fondée et doit faire admettre une distinction qui restreint la défini- tion trop générale qu'on donne d'ordinaire de l'action *communi dividundo*.

Si une hérédité ne comprenait que des choses corporelles dont le *de cujus* avait la propriété, il serait vrai de dire que l'action *communi divi- dundo* pourrait parfaitement suffire pour en ef- fectuer le partage. Mais une hérédité comprend aussi des choses incorporelles; même parmi les choses corporelles elle comprend des biens que le *de cujus* détenait à un autre titre qu'à celui de propriétaire ; c'est une universalité composée d'éléments hétérogènes, en un mot, c'est un patrimoine. Or l'action *communi dividundo* ne partage les choses indivises qu'autant que ces choses ont une existence parfaitement déterminée, le plus souvent même une existence corporelle, et qu'autant que le *de cujus* les détenait à titre de propriétaire. Elle n'est donc pas si générale qu'elle le semblait d'abord, et ne saurait s'appliquer à une universalité juridique.

C'est ainsi qu'en cas de société l'action *communi dividundo* ne devient applicable que lorsque les rapports personnels résultant de l'association ont été réglés par l'action *pro socio*, et qu'il ne reste plus à partager que des choses indivises (l. 1, D., c. d.).

La loi 4, c. d. elle-même, qui dit que l'action *communi dividundo* ne s'applique pas à l'hérédité, en donne implicitement la raison que nous venons de présenter : « *Per hoc judicium* dit-elle, *corporalium rerum sit divisio quarum rerum dominium habemus, non etiam hereditatis.* » Par l'action *communi dividundo* on partage les choses corporelles détenues à titre de propriétaire; mais non l'hérédité. Pourquoi? Évidemment parce que l'hérédité est une universalité, et contient autre chose que des biens corporels possédés à titre de propriétaire. Donc quand l'hérédité ne comprendra que des choses corporelles dont le *de cujus* était propriétaire, l'action *communi divi-dundo* concourra avec l'action *familiæ erciscundæ* et, par conséquent, pourra la remplacer. Dans les autres cas elle est inapplicable, et l'action *familiæ erciscundæ* étant seule possible devient nécessaire. Telle est la distinction par laquelle nous devons limiter la définition trop générale qu'on donne ordinairement de l'action *communi divi-dundo*. Dès qu'on l'admet, la nécessité de l'action *familiæ erciscundæ* apparaît clairement à l'esprit.

Pothier, dans l'explication qu'il donne dans ses Pandectes de la loi 44, h. t., semble repousser la possibilité de la concurrence de l'action *communi dividundo* avec l'action *familiæ erciscundæ*.

En effet, pour que l'action *communi dividundo* s'applique, il exige que la communauté des biens à partager ait une autre cause que l'hérédité.

Mais cette explication est formellement contre-dite par la loi 34 *pro socio* qu'il cite immédiate-ment après. Cette loi, en effet, dit expressément que l'action *communi dividundo* peut concourir avec l'action *familiæ erciscundæ*, même pour le partage des choses dont la communauté provient d'un titre héréditaire « *quibus hereditario jure res communis est.* »

Il n'est donc pas nécessaire d'admettre que dans la loi 44, h. t., l'indivion a une autre cause que l'hérédité ; la concurrence d'action qu'on voudrait écarter est formellement affirmée ailleurs ; et, si on admet la distinction que nous venons d'établir, elle n'a rien d'inexplicable pour l'interprète.

Pour achever la comparaison de l'action *familiæ erciscundæ* avec l'action *communi dividundo*, nous devons remarquer avec les lois 20, § 4, h. t., et 4, § 2, c. d. D., que l'action *familiæ erciscundæ* ne peut s'intenter qu'une fois ; tandis que l'action *communi dividundo* peut être indéfiniment renouvelée.

La loi 4 donne pour raison de ce dernier fait que l'action *communi dividundo* est une action de bonne foi. Il semble que si la conséquence est vraie pour l'action *communi dividundo* elle doit l'être de même pour l'action *familiæ erciscundæ* qui, comme nous l'avons vu, est aussi une action de bonne foi.

Comment, dès-lors, expliquer la différence qui existe sur ce point? Cela tient à la nature même de l'objet de notre action. Elle tend au partage d'une hérédité, d'une universalité juridique : or, on ne saurait comprendre que ce partage, une fois effectué, pût être renouvelé; un premier partage a nécessairement détruit l'objet même sur lequel il portait, c'est-à-dire l'hérédité. En effet, le juge avait pour mission principale de régler les rapports d'obligations qui naissent de la communauté. Dès que ce juge a accompli sa mission, le but de l'action est atteint, l'hérédité est partagée; il est possible qu'il reste encore quelques objets dans l'indivision, mais ces objets ne seront plus que des choses héréditaires et non une hérédité. Vouloir recommencer le partage de l'hérédité, ce serait essayer de reconstituer une indivision détruite par un jugement antérieur; ce serait attaquer l'autorité de la chose jugée.

Au contraire, l'action *communi dividundo* ne portant que sur des choses particulières, quand même ces choses seraient juxtaposées dans une même masse, a autant d'objets qu'il y a de choses indivises. Elle pourra donc se renouveler sans attenter aux principes de la chose jugée. Aussi aucun principe supérieur n'empêchant d'appliquer ici les règles ordinaires des actions de bonne foi, on pourra intenter l'action autant de foisqu'il y aura de choses restées indivises. Cette différence est donc plus apparente que réelle; car, pas plus que l'action *familiæ erciscundæ*, l'action *communi dividundo* ne pourrait se renouveler s'il s'agissait d'objets qu'elle aurait déjà partagés.

Comparons maintenant notre action avec la *petitio hereditatis*. Le côté par lequel elles se ressemblent, est, comme nous l'avons déjà vu, l'objet même sur lequel elles portent. Nous venons de voir que l'action *familiæ erciscundæ* porte sur l'ensemble même de l'hérédité, sur tout le patrimoine du *de cujus*; il en est de même de la pétition d'hérédité. Toutes deux ont également pour objet l'abstraction juridique qui s'appelle succession. C'est ce qui nous explique comment ces deux actions peuvent parfois coucourir, ainsi que nous le voyons, dans la loi 51, § 1, h, t., D.

Mais à côté de ce point de ressemblance, il y a des différences beaucoup plus nombreuses et plus importantes.

1° L'action *familiæ erciscundæ* est personnelle ; la pétition d'hérédité au contraire est réelle.

2° L'action *familiæ erciscundæ* est mixte , et par là nous entendons que bien que personnelle elle a cependant, grâce à l'adjudication, quelque analogie avec les actions réelles. La pétition d'hérédité a aussi été qualifiée quelquefois d'action mixte, mais dans un tout autre sens; on voulait exprimer par là une particularité qu'indique la loi 25, § 18, D., à savoir que, bien que réelle, la pétition d'hérédité joue cependant, à un certain point de vue, le rôle d'une action personnelle, et permet, par exemple, de poursuivre les débiteurs héréditaires.

3 L'action *familiæ erciscundæ* est de bonne foi; au contraire, la pétition d'hérédité est une action arbitraire.

Les textes semblent ici nous contredire formellement. En effet, Justinien comprend la pétition d'hérédité dans l'énumération qu'il donne des actions de bonne foi.

Mais c'est Justinien seul qui lui a donné cette

qualification, et tous les commentateurs sont d'accord pour reconnaître qu'il n'y a eu là qu'une inadvertance de ce prince. Les jurisconsultes discutaient sur la question de savoir si, lorsque l'exception de dol n'avait pas été expressément insérée dans la formule de la *petitio hereditatis*, — le juge pouvait la suppléer d'office.

La discussion ne portait donc que sur l'admission d'une règle qui, d'ordinaire, se présente comme conséquence des actions de bonne foi. Justinien ne voulut que prendre parti dans cette discussion. Mais au lieu de déclarer simplement que le juge pourrait suppléer d'office l'exception de dol, il déclara la *petitio hereditatis* action de bonne foi. Il ne remarqua pas qu'il établissait un principe général au lieu d'établir seulement un autre principe moins étendu qui se présente le plus souvent comme conséquence du premier. Mais puisqu'il est certain que l'expression a ici dépassé la pensée, il ne faut pas tenir compte de la lettre même du texte légal, et nous devons reconnaître que la *petitio hereditatis* étant une action arbitraire, échappe, par cela même, à une distinction qui ne s'établit qu'entre les actions personnelles.

4° La pétition d'hérédité est plus compréhensible dans son objet que l'action *familiæ erciscundæ*. En effet, bien qu'on ait pu poser en principe qu'en général les choses qui entrent dans la

pétition d'hérédité entrent aussi dans notre action, cependant la loi 51, § 1. h. t., nous montre
que certaines choses comprises dans la pétition
d'hérédité n'étaient pas du domaine de l'action
familiæ erciscundæ : telles sont par exemple les
créances héréditaires.

5° Enfin le but de la pétition d'hérédité est de
revendiquer un droit héréditaire contre ceux qui
en tout ou en partie, tacitement ou expressément,
contestent au demandeur la qualité d'héritier.

Au contraire, notre action ne vise que le partage de l'hérédité. Aussi, tandis que la première
action poursuit précisément la reconnaissance de
la qualité d'héritier, l'autre la suppose établie,
et en fait la base de sa réclamation.

Toutefois, ces principes que nous venons de
poser souffrent parfois exception et ne s'établissent pas d'ailleurs sans controverse. Voyons d'a-
bord l'exception.

Il est un cas où l'action *familiæ erciscundæ* a
pour but de faire reconnaître la qualité d'héritier : Voici l'espèce prévue par la loi I, § 1 h. t.:
Une personne possède sa part dans une hérédité ;
voulant arriver à un partage définitif, elle intente contre son cohéritier l'action *familiæ erciscundæ*.

Celui-ci nie la qualité d'héritier chez le demandeur. Au premier abord le cohéritier attaqué
pourrait être tenté de repousser son adversaire

par l'exception préjudicielle *si prœjudicium hè-reditati non fiat;* mais dans l'espèce cette exception préjudicielle ne peut être opposée; en effet, elle tendrait à faire intenter par le demandeur la *petitio hereditatis* ; mais cette action n'est donnée qu'à celui qui ne possède pas, et dans notre hypothèse, le demandeur est déjà en possession de sa part. La pétition d'hérédité ne pourrait donc s'intenter, et dès lors l'exception préjudicielle, qui peut bien retarder l'action, mais ne doit pas pouvoir la détruire, devient inapplicable. Que va-t-il donc se produire? L'exception préjudicielle, ne paralysant plus la demande primitive, l'action *familiœ erciscundœ* produira ses effets, et le juge s'y trouvera chargé incidemment de statuer sur la qualité même des héritiers. C'est ainsi, dans ce cas, que des principes supérieurs détournent provisoirement notre action de son but ordinaire.

Nous avons vu l'exception que subit notre principe ; voyons maintenant les controverses dont il est l'objet. L'action *familiœ erciscundœ,* avons-nous dit, suppose reconnue la qualité des cohéritiers. Cependant la loi 37 de notre titre énonce formellement la proposition contraire :

« *Qui familiœ erciscundœ judicio agit non confitetur adversarium sibi esse coheredem.* »

D'abord nous pourrions dire que la loi 37 vise précisément l'exception que nous venons de constater. Sans doute cette phrase du jurisconsulte Scævola était précisée et limitée par le contexte qui l'entourait ; les rédacteurs des Pandectes en détachant la phrase pour l'isoler, auront altéré son sens qui s'est trouvé acquérir par l'isolement une portée inattendue.

Des interprètes, Accurse entre autres, ont supposé que l'action *familiæ erciscundæ* avait été intentée par erreur ; le demandeur croyait que celui contre lequel il a agi était héritier ; plus tard il s'est aperçu du contraire. L'erreur dans laquelle il est tombé ne permet pas qu'on voie dans l'exercice de l'action une reconnaissance de la qualité d'héritier chez l'adversaire. Cette explication nous paraît divinatoire.

Pothier semble dire que l'exercice de notre action n'emportera pas reconnaissance de la qualité d'héritier, parce que cette qualité n'était pas en jeu dans la cause. Cette observation est juste ; mais elle ne mène pas au but proposé ; en effet. si l'on prétend qu'il y a reconnaissance de la qualité d'héritier, on ne se fonde pas sur la chose jugée dans le procès, mais sur le fait même qu'une pareille action a été intentée.

Pour nous, il est un moyen beaucoup plus simple et plus radical d'expliquer la loi 37 : c'est de retrancher la négation qu'elle renferme. Nous arrivons ainsi à avoir un texte qui confirme les données de la raison, au lieu de les contredire

Ce moyen pourrait paraître violent et arbitraire, si, seule, la nécessité d'accorder les principes existait pour la justifier; mais le texte grec des Basiliques ne porte pas la négation; il est donc probable qu'elle se sera glissée par la mégarde d'un copiste dans les textes latins.

CHAPITRE III.

EN QUELS CAS SE DONNE L'ACTION *FAMILIÆ ERCISCUNDÆ*, ET QUELLES SONT LES EXCEPTIONS QUI PEUVENT LUI ÊTRE OPPOSÉES.

Elle se donne, comme déjà nous avons eu occasion de le voir, pour le partage d'une hérédité : donc, elle suppose d'abord qu'une succession est ouverte, et ensuite, du moins quand il s'agit d'héritiers externes, que l'adition a été faite.

En effet, avant l'ouverture de la succession, l'action manquerait d'objet; avant l'adition, celui qui l'intenterait manquerait de qualité.

Cependant, même quand toutes ces conditions sont réunies, l'exercice de notre action peut être provisoirement suspendu par une exception préjudicielle. En effet, si celui qui intente l'action *familiæ erciscundæ* n'est pas déjà en possession, son adversaire peut le repousser par l'exception préjudicielle *si præjudicium hereditati non fiat*.

Nous n'insisterons pas sur cette exception que nous avons eu déjà l'occasion d'examiner en détail.

L'action *familiæ erciscundæ* continue à rester applicable tant que la cause subsiste, c'est-à-dire tant qu'il y a indivision.

Mais cette indivision peut cesser par une autre cause que l'exercice de notre action; et ainsi nous sommes amené à passer en revue ces différentes manières de faire cesser l'indivision, qui fournissent autant d'exceptions opposables à l'action *familiæ erciscundæ*. Elles sont au nombre de quatre principales que nous examinerons successivement.

1° Le pacte. Nous voyons dans loi 14, § 4, D. c. d., que si un des communistes s'engage par un pacte à ne pas demander sa part dans le bien indivis, l'indivision se trouve par là-même détruite pour ce cohéritier; dès lors, l'action divisoire devient inutile et inapplicable pour lui. Dans ce cas, l'action divisoire n'est pas, il est vrai, détruite de plein droit; mais le pacte produit une exception qui s'opposerait victorieusement à l'action si elle était intentée.

Dans l'hypothèse que nous venons d'examiner, un communiste renonce entièrement à ses droits dans le bien commun, et confère à l'autre les droits qu'il abandonne. Mais que devons-nous penser d'un pacte qui aurait pour objet, non plus non plus d'abandonner la copropriété, mais seulement de renoncer au droit de demander le partage du bien indivis, sur lequel d'ailleurs tout droit de copropriété est expressément réservé?

Il faut distinguer.

S'est-on interdit pour toujours le droit de demander le partage, le pacte est nul (l. 14, § 2, c. d., D.),

Le législateur ne pouvait tolérer une convention qui, forçant les communistes à rester dans l'indivision, même dans le cas où plus tard ils voudraient en sortir, exposerait à des troubles perpétuels et irrémédiables l'ordre et la paix de la société.

Au contraire, l'interdiction n'est-elle que temporaire, le danger devient beaucoup moins grand pour la société. Il y a chance que les copropriétaires vivent en bonne intelligence dans un temps encore rapproché de celui où, d'un commun accord, ils ont maintenu l'indivision; et la discorde viendrait-elle à les diviser qu'elle aura bientôt un terme. Ainsi le principe de la liberté des conventions retrouve ici son application ordinaire.

L'interdiction de partager qui serait imposée, non plus par la volonté commune des cohéritiers, mais par celle du défunt, semble, au premier abord, beaucoup moins favorable : en effet, le *de cujus* peut s'être trompé sur les sentiments futurs de ses héritiers, et les chances de discorde sont bien plus grandes dans une indivision forcée. Aussi le jurisconsulte Marcellus annulait toujours de pareilles dispositions testamentaires. Mais Julien, et après lui Ulpien, firent plus tard triompher l'opinion contraire et admettre les mêmes solutions que pour la convention faite par les cohéritiers. Le besoin de simplicité dans la législation les porta à ne pas tenir compte des différences, réelles cependant, qui existaient entre les deux hypothèses. (Loi 4, *de cond. instit.*, D.)

2° *Le partage amiable*. — Lorsque les cohéritiers ont, par un partage amiable, divisé entre eux toute l'hérédité, l'objet de notre action venant à manquer, elle ne peut plus être exercée. (L. 1, Code, *fam. erc.*)

Au fond, cette nouvelle fin de non-recevoir pourrait rentrer dans celle qui résulte du pacte. En effet, la division volontaire entre les cohéritiers n'est autre chose qu'une convention intervenue entre eux. Toutefois cette convention, à cause de son caractère spécial et de ses fréquentes applications, mérite que nous l'examinions à part.

D'abord, ce partage amiable peut se produire du vivant même du *de cujus*. Dans ce cas, sera-t-il valable ? Justinien résout la question par une distinction : si celui dont les biens sont ainsi partagés avant sa mort consent à ce pacte sur succession future, il est valable ; si ce consentement n'intervient pas, le pacte est nul. (Loi dernière *de pactis*, Code.) Notre Code s'est, en ce cas, montré plus sévère : toujours il annule les pactes sur succession future.

Examinons maintenant les partages amiables qui se feront après la mort du *de cujus*. Ici encore il faut distinguer pour savoir quels seront les effets produits. Dans ce cas, jamais, il est vrai, le partage ne sera entièrement nul, mais ses conséquences seront plus ou moins puissantes et radicales.

Le pacte a-t-il été suivi de tradition pour les choses corporelles, de stipulations en règle pour les obligations ? Dans ce cas, si tout a été partagé, on ne comprendrait pas la délivrance de l'action *familiæ erciscundæ;* elle serait absolument inutile. En effet, d'après les principes du droit, chaque cohéritier a été légalement investi de ses droits de propriété ou de créance. (L. 15 et 23, *familiæ erciscundæ*, C.)

Au contraire le pacte est-il resté seul, n'a-t-il été accompagné ou suivi d'aucune tradition, ni d'aucune stipulation ? Alors le partage, au point de vue du droit civil, n'est, pour ainsi parler, qu'un partage inerte, incapable de produire des résultats juridiques : la revendication, l'action civile, ne peuvent naître d'une simple convention. Il faudra donc, dans ce cas, que le juge de l'action *familiæ erciscundæ* intervienne pour donner à ce passage virtuel une puissance effective ; mais son intervention se bornera à conférer au partage conventionnel la sanction civile qui lui manquait.

Toutefois, si le pacte fait entre les parties avait été suivi d'exécution, au moins par l'une d'elles, la délivrance de l'action *familiæ erciscundæ* deviendrait encore inutile : en effet, au fond, le partage n'est qu'un échange ; or, d'après la théorie ordinaire des contrats innommés, l'exécution par une partie lui donne droit à l'action *prescriptis verbis*, pour contraindre l'autre partie à exécuter à son tour. (L. 20, § 3, h. t., D., et L. 7 au Code, *fam. erc.*)

3° *Partage par le* de cujus. — Jusqu'ici nous avons vu l'action *familiæ erciscundæ* écartée par suite de la volonté des cohéritiers ; nous allons maintenant la voir suppléée par la volonté du *de cujus*. En effet, prévoyant son décès, et voulant soustraire ses héritiers aux divisions qui naissent souvent d'un partage, le *de cujus* pouvait vouloir diviser d'avance sa succession entre ses futurs héritiers.

Pour obtenir ce résultat, il n'était pas nécessaire qu'il recourût à des règles exceptionnelles ; le droit commun, qui permettait le legs *per præceptionem*, lui offrait un moyen facile d'atteindre son but. Le *de cujus*, après avoir institué ses héritiers, léguait *per præceptionem* à chacun d'eux les objets corporels et incorporels qu'il voulait lui attribuer ; et si tous les objets de l'hérédité se trouvaient ainsi légués, si d'ailleurs chaque cohéritier avait sa légitime, la mission du juge était suppléée, et l'action *familiæ erciscundæ* devenait inutile.

Toutefois, cette dernière conséquence était contestée parmi les jurisconsultes romains. En effet, les effets du legs *per præceptionem* étaient l'objet d'une controverse entre les deux écoles. (Gaïus, c. 2, 219 et 222.)

Suivant les Sabiniens, le legs *per præceptionem* se distingue nettement du legs *per vindicationem* par sa nature et les effets qu'il produit : ainsi, pour ne parler que des conséquences qui ont trait à notre question, la propriété n'est pas transférée par la seule force de ce legs ; le juge devra intervenir pour donner les effets civils à la volonté du défunt. Dans ce système, la délivrance de l'action *familiæ erciscundæ* sera nécessaire.

D'après les Proculéiens au contraire, il ne faut pas tenir compte de la syllabe *præ* ; le legs n'est, au fond, qu'un legs *per vindicationem*. Dès lors, la revendication appartient de plein droit à l'héritier légataire. D'après ce système, qui semble avoir prévalu grâce à un rescrit d'Adrien, l'intervention du juge n'est pas néces-

saire. Il faut remarquer toutefois que ces solutions ne sont vraies que pour les choses dont le
de cujus était propriétaire *ex jure Quiritium*.
Quant aux choses qu'il avait seulement *in bonis*,
les deux écoles étaient d'accord pour exiger en
tout cas l'intervention du juge.

Il y a aussi à côté de ce mode de partage,
fondé sur le droit commun des actes de dernière
volonté, certaines institutions spéciales aux père
et mère, qui facilitent encore la division opérée
par le testateur lui-même : nous nous réservons
d'examiner, dans la thèse française, ces modes
exceptionnels, qui ont une grande analogie avec
notre partage d'ascendant.

4° *Prescription.* — Dans l'ancien droit, aucune prescription n'était opposable aux actions
civiles : aussi jamais notre action ne pouvait être
paralysée par la prescription. Mais Théodose
changea ce principe, et introduisit la prescription par trente ans de toutes les actions, même
civiles.

Après l'établissement de ce nouveau principe,
il semble que l'action *familiæ erciscundæ*,
comme toutes les autres, a dû devenir prescriptible par trente ans. Cependant cette question
paraît avoir été controversée avant Justinien, et,
même après lui, des interprètes d'une grande
autorité se sont encore prononcés contre la
prescriptibilité de l'action.

Pour nous, nous n'hésitons pas à admettre qu'après Justinien cette action ait été prescriptible. Ce fait nous semble affirmé de la manière la plus formelle par la loi 1, § 1 *de annali exceptione* au Code.

Après avoir parlé des controverses suscitées avant lui par des jurisconsultes qui voulaient pour la presciption de certaines actions prolonger le terme de 30 ans, Justinien s'exprime ainsi : « *Nemo itaque audeat neque actionis familiæ ercis-* « *cundæ, neque communi dividundo neque... neque* « *alterius cujuscumque personalis actionis vitam lon-* « *giorem esse triginta annis interpretari, sed ex quo* « *ab initio compctit, et semel nata est... post memo-* « *ratum tempus finiri.* »

Il résulte de ce texte que la controverse existait avant Justinien, que ce prince fait une loi précisément pour y mettre fin, et que dans cette loi, il établit expressément la prescriptibilité de l'action.

Pour nous, il n'est aucun argument de droit qui puisse prévaloir contre un texte aussi formel dans ses termes et aussi décisif à cause des circonstances où il a été écrit.

Cependant Voët a cru devoir trouver dans le but même de l'action *familiæ erciscundæ* une raison suffisante pour s'y soustraire.

Le but de cette action est de prévenir les dis-

cordes et les querelles qui naissent de l'indivision ;
elle poursuit donc un intérêt d'ordre public ; et
contre des intérêts de ce genre, il n'est pas de
prescription possible. D'ailleurs, ajoute-t-il, toute
prescription suppose nécessairement une usurpa-
tion sur le droit ou la propriété d'autrui ; or
lorsque pendant trente ans des cohéritiers ont
possédé en commun la succession indivise, chacun a possédé en qualité de copropriétaire ; or il
n'y a dans cette possession commune aucun des
caractères d'invasion sur le droit d'autrui qui
sont nécessaires pour permettre à la possession
d'engendrer la prescription Aussi faisant dans le
texte une distinction qu'il ne comporte pas, il
suppose que Justinien ne vise que dans le cas où
pendant trente ans un cohéritier a possédé en son
nom personnel et comme seul propriétaire la
totalité de la succession.

Ces deux arguments ne sauraient ébranler
notre système ; le premier, très puissant au point
de vue législatif, n'a aucune force au point de
vue interprétatif, or, nous n'avons ici que le rôle
d'interprètes. Le second aurait de la valeur s'il
s'agissait d'une prescription acquisitive où la possession est nécessaire ; mais ici il s'agit d'une
prescription libératoire ; et l'inaction seule des
ayants-droit suffit pour la produire.

M. de Savigny essaie de se soustraire à la généralité du texte de Justinien : il admet la pre-

scription pour les objets mobiliers ou immobiliers dus en qualité de soulte ; il ne l'admet pas pour la faculté même de demander le partage. D'après lui, la prescription de cette faculté est de sa nature même impossible ; en effet, la prescription suppose un titre conventionnel qu'on ne peut représenter. Or ici précisément on ne reconnaîtrait pas la validité de la convention par laquelle les cohéritiers s'engageraient à rester toujours dans l'indivision.

Cette nouvelle distinction ne nous paraît pas plus admissible que la première. D'abord elle échoue comme elle contre le texte formel et absolu de Justinien ; et, en outre, la solution donnée par le législateur peut parfaitement s'expliquer. Ne sachant encore quels seront les effets d'une convention qui perpétue l'indivision, il la prohibe parce qu'il redoute ses conséquences ; au contraire, quand il a vu qu'une indivision s'est prolongée pendant trente ans sans engendrer aucun trouble, il peut consentir sans imprudence à en admettre la perpétuité.

Notre législateur français n'a pas cru qu'il dût sanctionner par la prescription un état toujours plein de menaces pour l'avenir ; nous pensons qu'il a sagement agi ; mais le désir de trouver sanctionnée par le législateur les données de la raison ne doit pas nous empêcher de reconnaître les écarts certains de la loi positive.

Le point de départ de la prescription est aussi un sujet de controverse. Des auteurs ont prétendu que la prescription ne commencerait à courir que du jour où par un acte d'un héritier ses cohéritiers éprouveraient un préjudice. Mais cette opinion est contraire et au texte et aux principes du droit. Justinien, en effet, dit expressément « *ex quo ab initio competit et semel nata est;* » et si nous consultons les principes, ils nous diront qu'une action doit se prescrire du jour où elle est née, du jour où elle a pu être intentée. Or, l'action *familiæ erciscundæ* a pu être intentée dès que l'indivision a existé : c'est donc du jour même où l'indivision s'est produite que l'action *familiæ erciscundæ* a commencé à se prescrire.

CHAPITRE IV.

A QUELLES PERSONNES SE DONNE L'ACTION FAMILIÆ ERCISCUNDÆ.

Elle se donne aux cohéritiers d'une succession commune. Il n'importe pas de distinguer quelle est l'origine de leur vocation : qu'ils soient appelés par la loi des Douze-Tables, par une loi postérieure, comme la loi *Cornelia*, par un sénatus-consulte, comme l'Orphytien ou le Tertullien, enfin par des constitutions impériales, il suffit qu'ils aient droit à la pétition d'hérédité pour qu'ils puissent intenter l'action en partage.

Dans les cas où le préteur accorde une pétition d'hérédité utile, la *bonorum possessio*, il accordait aussi, et comme conséquence, une action en partage utile. (L. 24 et L. 40, h. t., D.)

Par suite du même principe, celui qui, en vertu du sénatus-consulte trébellien, recevait une pétition d'hérédité fidéicommissaire, recevait en même temps une action en partage utile. (L. 24 et L. 40, h. t., D.)

L'action *familiæ erciscundæ* utile était encore donnée dans le cas où des esclaves s'étaient fait envoyer en possession de l'hérédité, *libertatum servandarum causa*, et lorsqu'un adrogé impubère, exhérédé injustement, réclamait la quarte antonine. (L. 2, § 1, h. t. D.)

Dans ces deux cas, le droit des communistes se fonde sur des constitutions impériales, l'une de Marc-Aurèle, l'autre d'Antonin. Il semble dès lors, d'après les principes que nous avons établis plus haut, que nous devrions donner l'action directe; toutefois les constitutions dont il s'agit n'accordent pas un véritable droit de succession : dans le premier cas, le patrimoine du défunt est, pour ainsi dire, abandonné aux esclaves, comme il le serait à un acheteur qui s'engagerait à fournir un certain dividende aux créanciers; dans le second, c'est réellement en qualité de créancier de la succession que l'impubère y prétend une part. En effet, la loi 1, § 21, *de collat.*, **D.**, lui donne, pour réclamer sa quarte, non-seulement une *petitio hereditatis*, mais une action personnelle, une *condictio* ; et la loi **2**, § **1** de notre titre, semble en donner l'explication que nous proposons : en effet, dit-elle, comme l'adrogé qui réclame n'est ni héritier ni possesseur de biens, l'action qu'on lui donnera sera une action utile.

Mais cette loi ne contredit-elle pas un principe que nous avons posé plus haut ? Nous avons dit qu'en cas de possession de biens, l'action est utile ; or, la loi **2**, § **1**, semble dire *a contrario* que dans cette hypothèse l'action serait directe, puisque c'est parce qu'on ne s'y trouve pas qu'il y a lieu à donner une action utile. La lettre du texte conduit en effet à cette solution ; mais comme elle est à la fois contraire aux principes et aux lois **24** et **40**, h. t., combinées, nous ne pensons pas qu'on doive l'admettre. Il faut supposer une ellipse dans le texte, et le traduire ainsi : Comme dans ce cas l'impubère n'est héritier, ni suivant le droit civil, ni suivant le droit prétorien, il ne devrait pas avoir l'action *familiæ erciscundæ* ni directe ni utile ; cependant par tempérament d'équité on a consenti à lui accorder l'action utile. Cette explication concilie entre eux tous les textes et tous les principes de notre matière.

Il n'est pas nécessaire, pour la délivrance de

l'action *familiæ erciscundæ* que tous les cohéritiers y participent (l. 2, § 4, h. t., D.); mais lorsqu'un des héritiers est mort laissant lui-même plusieurs héritiers, ces héritiers doivent tous participer à l'action ou s'entendre pour nommer un *procurator* qui les représente tous (l. 48, h. t., D.). Comme l'action en partage est donnée dans l'intérêt commun de tous les cohéritiers, on aurait pu croire que l'accord de tous les cohéritiers était indispensable pour permettre la délivrance de l'action ; mais on ne pouvait admettre que la mauvaise volonté d'un seul pût prolonger une indivision funeste aux autres; et la loi 43, h. t., nous dit qu'un seul héritier peut obtenir l'action malgré l'opposition de ses cohéritiers.

La loi dit : *et præsentibus cæteris et invitis*; Noodt pense qu'on doit lire : *et absentibus*, et se réfère à la règle énoncée dans la loi 26, D., *de regulis juris*. Le principe qu'il trouve consacré, grâce à cette substitution, est vrai en lui-même, mais nous ne croyons pas qu'on doive enlever le mot *præsentibus*, qui donne un sens parfaitement raisonnable et satisfaisant. *Præsens* signifie ici le contraire du mot *invitus* auquel il est opposé, et la loi doit se traduire ainsi : un seul cohéritier peut demander l'action, que les autres y consentent ou s'y refusent.

Dans ce cas, une nouvelle action *familiæ erciscundæ* deviendra nécessaire entre ceux qui n'ont pas participé à la première; au contraire, il se peut qu'une seule action *familiæ erciscundæ* suffise là où il semble que plusieurs seraient exigées par la nature même des choses; ainsi, lorsque plusieurs successions distinctes adviennent aux mêmes cohéritiers, bien que les cohéritiers ne soient pas appelés pour la même part, bien qu'ils ne soient pas seuls en concours dans ces successions différentes; cependant ils pourront obtenir le partage dans toutes ces. hérédités par une seule et même action (l. 25, § 3, 4 et 5, h. l., D., et 8, *fam. erc.*, Code).

CHAPITRE V.

OBJET DE L'ACTION FAMILIÆ ERCISCUNDÆ.

Notre action a deux objets principaux. Elle comprend : 1° des choses; 2° des prestations personnelles : « *familiæ erciscundæ judicium ex* « *duobus constat, id est rebus atque præstationi-* « *bus.* » Ce texte lui-même nous indique la division à suivre : nous examinerons dans deux sections distinctes; d'abord les choses, ensuite les prestations qui font l'objet de notre action.

SECTION PREMIÈRE.

Des choses.

Parmi les choses héréditaires, les unes entrent dans notre action pour être partagées, les au-

tres pour être prélevées; d'autres à un titre diffé-
rent, d'autres, enfin, y sont soustraites par leur
nature.

§ 1ᵉʳ. *Des choses à partager.*

En principe, doivent être partagées toutes les
choses héréditaires qui sont encore indivises.
Tels sont d'abord les meubles ou immeubles
dont le défunt avait la propriété quiritaire; tels
sont même ceux que le défunt avait *in bonis*.

On y comprend encore les choses sur lesquelles
il avait les droits d'emphythéose, de commodat,
de gage ou de superficie, et celles qu'il possédait
de bonne foi (l. 10 et 29, h. t. D.).

Il en est de même des choses qui sont échues
aux héritiers à titre héréditaire. Telles sont celles
que le défunt avait achetées, et qui ont été li-
vrées à ses héritiers, ou celles dont l'usucapion
commencée par le défunt a été achevée par ses
héritiers (l. 9, h. t., D.). Tels sont encore les
fruits de tous genres produits par les choses héréditaires, sans qu'on eût à distinguer entre le
temps qui a précédé et celui qui a suivi la *litis
contestatio* (l. 16, § 3, l. 11; l. 12, pr., et § 1).

Les choses qui reviennent dans le patrimoine
héréditaire au moyen du rapport, entrent aussi
dans l'action *familiæ erciscundæ*.

Les objets qui ne font partie de l'hérédité que
sous condition résolutoire ou suspensive, entrent

cependant dans l'action en partage, sauf à subir plus tard les conséquences juridiques qu'amenera l'accomplissement de la condition. C'est ainsi que les choses léguées sous condition ou les *statu liberi* doivent entrer dans l'action *familiæ erciscundæ*. Les Proculéiens l'avaient contesté, prétendant que la chose léguée sous condition était chose *nullius* (Gaïus, 2, 200); mais cette prétention est formellement condamnée par la loi 12 de notre titre. C'est ainsi encore que l'objet ou l'esclave pris par l'ennemi doit entrer dans notre action. Il est possible en effet que le *jus postliminii* les réintègre rétroactivement dans le patrimoine héréditaire (l. 22, § 5, et l. 23, h. t.)

Mais l'usufruit pourra-t-il entrer dans l'action en partage ? Il semble au premier abord que jamais on n'aura à partager un tel droit; en effet, en supposant que l'usufruit eût appartenu au *de cujus*, il a dû mourir avec lui, puisque ce droit n'est pas transmissible.

Il faut donc supposer les hypothèses spéciales que prévoit la loi 14 de notre titre.

Ou bien un fonds a été légué par le *de cujus*, *deducto usufructu*, de sorte que l'usufruit se trouve réservé indivis dans la succession ; ou bien un usufruit a été légué à un esclave héréditaire, et s'est trouvé fixé sur la tête des héritiers lors de leur adition. (Loi unique, § 2, *quando dies ususfructus cedut* ; loi 18, *quibus modis ususfr.*)

Dans ce cas, on pourra se demander si l'usufruit peut se partager. La raison de douter est que pour adjuger une partie de l'usufruit à un héritier, il faut nécessairement que le juge l'enlève à l'autre : or, l'usufruit ne peut, sans périr, quitter la tête de celui qui en est investi. Il résulte de ce raisonnement que l'adjudication ne sera pas possible, en ce qui concerne l'usufruit. Le texte cependant nous dit qu'on trouvera des moyens d'arriver au partage sans employer l'adjudication. Nous verrons plus tard ces moyens en étudiant la mission du juge.

§ II. — *Des choses à prélever.*

Les causes de prélèvements sont au nombre de cinq : nous allons successivement les examiner.

1° La première cause est la libéralité préciputaire faite à l'un des cohéritiers. (L. 7, Code *fam. erc.*)

Aucune difficulté ne s'élève quand la chose léguée par préciput se trouve dans la succession ; l'héritier la prélève avant tout partage.

Mais qu'arrivera-t-il si la chose léguée hors part ne se trouve pas en nature dans la succession ? *Jure civili*, le legs est nul ; il vaudra cependant par application du sénatus-consulte néronien. (L. 2, 220 et suiv.) Le juge de l'action *familiæ erciscundæ* devra contraindre les autres cohéritiers à fournir à l'héritier gratifié par préciput ce que le testateur lui a légué. (Paul, *Sentences*, l. 3, t. VI, *de legatis*, § 1.)

Si le testateur a légué de l'argent, on devra faire vendre une partie des biens jusqu'à concurrence de la somme léguée. (L. 26, D., h. t.)

Mais, dans ce cas, quelle sera l'étendue des obligations des autres cohéritiers? devront-ils fournir à l'héritier légataire la totalité du legs, ou seulement une part proportionnelle à leur part héréditaire? La l. 25, § final, h. t., nous répond qu'ils ne devront contribuer que pour leur part héréditaire, et cette solution est conforme aux principes : en effet, l'héritier avantagé est héritier pour une part. A ce titre, il est chargé de se payer à lui-même une partie de son legs ; or, en vertu du principe *heredi a semetipso pure inutiliter legatur*, le legs est nul pour cette part. Dès lors ses cohéritiers ne sont plus chargés d'exécuter le legs que pour la partie qui échappe à la nullité, c'est-à-dire que dans la proportion de leur part héréditaire.

Si le testateur a légué par préciput à un cohéritier ce que celui-ci lui doit, le juge forcera les cohéritiers à ne pas le poursuivre ; et si c'est une créance sur un étranger qui a été léguée par préciput à l'un des cohéritiers, le juge forcera les autres héritiers à céder à l'héritier légataire leur action contre le débiteur. (**L.** 42, h. t., **D.**)

Si la chose léguée hors part est engagée à un créancier gagiste, cette chose devra être dégagée par tous les cohéritiers pour être livrée libre de tout lien de gage à celui qui l'a reçue en legs. (**L.** 28 et l. 33, h. t., **D.**)

La loi 57 *de legatis*, § 1, qui dit que la chose léguée à un étranger ne doit être dégagée que si le testateur avait connaissance de son engagement, n'est pas contraire aux lois que nous venons de citer ; en effet, l'espèce n'est pas la même : dans les lois 28 et 33 de notre titre, il s'agit d'un legs fait non à un étranger, mais à un cohéritier, et la préférence toute spéciale que le testateur a manifestée pour ce cohéritier le rend beaucoup plus favorable. Or, nous voyons dans la loi 10, au Code *de legatis*, que la considération des personnes peut, sur ce point, modifier les règles ordinaires du droit.

2° La seconde cause de prélèvement est analogue à la première et se fonde comme elle sur la volonté du *de cujus*.

On suppose qu'un père a fait de son vivant une donation à un de ses enfants en puissance. Cette donation est nulle d'après les principes du droit ; cependant, si le père a persévéré dans son intention de donner jusqu'à sa mort, on accorde à cette manifestation de la volonté de maintenir une donation nulle en droit la même puissance qu'à un legs par préciput régulier, et l'enfant donataire pourra prélever le bien donné avant tout partage (l. 18, C., f. c.).

La loi 13 au Code, *de collationibus*, semble, il est vrai, contredire la loi que nous venons de citer; mais Cujas concilie ces deux textes en disant que dans le premier l'enfant donataire est appelé à la succession par un testament; et, par conséquent, soumis au rapport, tandis que dans le second il est appelé *ab intestat* et peut, par conséquent, ne pas rapporter. Si on admet cette interprétation qui semble seule concilier les deux textes, on sera forcé de reconnaître que cette cause de prélèvement ne s'appliquera jamais dans le dernier état du droit romain; en effet, la novelle 19, ch. 6, décide que le rapport aura lieu aussi bien quand l'héritier est appelé *ab intestat* que quand il est appelé par testament.

3° Justinien a introduit une troisième cause de prélèvement fondée encore sur une volonté présumée du *de cujus*. Un ascendant a fait à un de ses descendants une libéralité à titre de dot ou de donation *propter nuptias*; le bien donné lui a fait retour; puis il est mort laissant un testament qui ne contient aucune disposition à cet égard Dans ce cas, le descendant peut prélever ce bien sans aucune restriction, s'il est en concours avec des étrangers; et, s'il est en concours avec des frères et sœurs, jusqu'à concurrence de ce que ceux-ci prennent à titre de préciput dans la succession de leur ascendant.

4° Nous allons voir maintenant des causes de prélèvements ayant d'autres bases que la volonté expresse, tacite ou présumée du *de cujus*.

La loi 56, § 1, *de jure dotium*, nous dit : « *Ibi dos esse debet ubi onera matrimonii sunt.* » Aussi, faisant application de ce principe, la loi 20 de notre titre nous avertit que le fils de famille institué héritier prélèvera toute la dot de sa femme. C'est qu'en effet après la mort du père de famille toutes les charges du mariage vont retomber sur lui. Aussi le mari prélèvera toute la dot, ne fût-il héritier que pour partie, ou même ne fût-il pas héritier du tout (l. 20, § 2, et l. 1, § 9, *de dote prælegata*, D., et l. 46, h. t., D.).

Le fils prélèvera même la dot de la femme de son fils ; mais dans tous les cas ce prélèvement ne pourra dépasser la mesure de l'obligation que le père a contractée en recevant la dot : aussi si c'est le fils qui l'a reçue directement, celui-ci ne pourra prélever que dans la mesure de son pécule ou du profit que son père a retiré de la réception de la dot (l. 20, § 2, h. t., D.)

5° L'héritier peut encore prélever ce que le défunt lui devait même par simple obligation naturelle (l 25, § 19).

On peut rattacher à ce principe la solution donnée par la loi 20, § 1, de notre titre. Dans cette loi on suppose qu'une dette héréditaire peut être intégralement réclamée d'un héritier qui, par exemple, s'est engagé envers des tiers sur l'ordre du défunt. Dans ce cas, l'héritier qui a contracté l'engagement pourrait être poursuivi pour le tout, et, s'il payait, il acquitterait en somme une dette dont la succession était grevée, et, qu'en définitive, elle devait supporter tout entière. Pour éviter ce résultat inique on lui permettait de prélever dans le partage toute la dette dont il pourrait être tenu envers les tiers.

Dans le cas où il ne se serait pas engagé sur l'ordre précis du défunt il pourrait encore exercer un prélèvement ; mais seulement dans la mesure de l'engagement contracté indirectement par le défunt, c'est-à-dire jusqu'à concurrence du pécule ou du bénéfice réalisé par le défunt au moyen de l'opération.

La loi 20, § 6 et 7, n'est encore qu'une application du principe général que nous avons posé.

§ III. — *Choses qui entrent encore dans l action familiæ erciscundæ, sans qu'elles doivent être ni partagées, ni prélevées.*

Ces choses sont assez nombreuses ; mais nous n'en parlons ici que pour mémoire, nous réservant de les examiner en détail quand nous étudierons la mission du juge à leur égard.

§ IV. — *Des choses qui n'entrent à aucun titre dans l'action familiæ erciscundæ.*

Enfin il est des choses qui n'entrent à aucun titre dans notre action.

Telles sont d'abord les dettes et les créances (l. 6, Cod., *fam. erc.*). En effet, ces dettes et créances étant partagées de plein droit par la loi des XII Tables, elles se trouvent soustraites à une action qui tendrait précisément à en effectuer le partage « *Cessat familiæ erciscundæ judicium quum nihil in corporibus sed omnia in nominibus sunt* (l. 25, § 1, h. t., D.).

Il en est de même du pécule *castrans* quand le *de cujus* l'a légué à une personne, tandis qu'il a légué le reste de son patrimoine à une autre. Dans ce cas encore, la loi elle-même effectue le partage, et rend inutile l'exercice de notre action (l. 25, § 1, h. t., D.).

Les biens qui ont été acquis aux cohéritiers à un titre autre que le titre héréditaire n'entrent pas dans la masse partageable (l. 45, h. t. D.; (l. 25, § 7, *ibid.*).

C'est par suite de cette idée que la loi 41 de notre titre nous dit que les droits de patronage n'entrent pas dans notre action ; en effet, ce sont plutôt des droits de famille que des droits de succession.

Il faut en excepter encore les choses sur lesquelles même un seul cohéritier a abdiqué ses droits par une aliénation suivie de tradition et antérieure à la *litis-contestatio*, ou même postérieure, pourvu que dans ce cas elle eût une cause préexistante (l. 54, h. t., D.; l. 13 et 14, *ibid*). La perte du droit par suite d'une décision judiciaire a le même effet que l'aliénation (l. 25, § 8, D., h. t.). Dans ce cas, si la chose n'entre plus dans l'action *familiæ erciscundæ*, c'est qu'elle a cessé d'être commune entre tous les cohéritiers.

Enfin, il est des choses que le vice même de leur cause d'acquisition doit faire exclure de la masse partageable; tels sont les biens qui proviennent d'un péculat, d'un sacrilége, d'un vol, ou de tout autre crime (l. 1, § 2, h. t., D).

Enfin, certaines choses doivent par leur nature même rester communes aux cohéritiers; tels sont les lieux consacrés à des rites religieux, (l. 20, D.) les dettes de choses indivisibles (l. 25, § 9, D.); le droit et le devoir de poursuivre le meurtre du défunt, de sa femme ou de ses enfants (l. 18, § 1).

SECTION II.

Des prestations.

Nous distinguerons d'abord deux sortes de prestations différentes : 1° celles qui ne proviennent pas d'une faute d'un cohéritier; 2° celles qui résultent d'une faute de l'un d'eux. Nous les étudierons sous deux articles distincts ; et, pour chacun de ces genres de prestations, dans un premier paragraphe, nous poserons le principe qui les régit ; dans un second, nous rechercherons les conditions nécessaires à l'application de ce principe ; dans un troisième, enfin, nous en verrons quelques conséquences indiquées par les textes.

ARTICLE 1er.

Des prestations qui ne proviennent pas d'une faute d'un cohéritier.

§ Ier.

Les cohéritiers doivent se tenir compte réciproquement de tous les bénéfices et de toutes les pertes qu'ils font à l'occasion des choses héréditaires (l. 47, pr., h. t.).

§ II.

En premier lieu, pour que notre action puisse tenir compte du bénéfice ou du dommage éprouvé, il faut, d'après la loi 49, que l'adition ait été faite ; en effet, ce n'est qu'à partir de ce moment, que le successible peut agir en qualité d'héritier.

Du reste, une fois l'adition faite, peu importe que le bénéfice ou le dommage se soit réalisé avant ou après la *litis contestatio* (l. 6, § 3, C. D.)

Il faut, en second lieu, que l'héritier ait eu l'intention d'agir dans l'intérêt commun. (L. 14, c. d. D, l. 6, § 2, *ibid.*)

Du reste, pourvu que l'héritier ait su qu'il avait un ou plusieurs cohéritiers, le fait qu'il a ignoré quels ils étaient, et s'est même trompé sur leur personne, n'a qu'une faible influence sur le droit ; en effet, on lui accordait toujours l'action *familiæ erciscundæ* ; seulement elle prenait la forme d'une action utile. (L. 6 et 29, c. d. D.).

Il faut, en troisième lieu, que le cohéritier n'ait pas pu diviser l'acte qu'il a fait, de sorte qu'il ait été contraint à agir au nom de tous les communistes. (L. 6, § 2, et loi 7, c. d. D. ; lois 44, § 7 et *in fine* ; 18, § 6 et 7 ; 25, § 13, 14 et 15 ; 39, h. t.).

Si cette dernière condition n'existait pas, le cohéritier ne serait pourtant pas entièrement dépourvu d'action : en effet, il est dans le cas d'intenter l'action *negotiorum gestorum*. C'est ce que nous disent les lois 6, § 2, c. D.; 40, *neg. gest.* D, et 19 C. *neg. gest.*, et 20 C., *fam. erc.* ;

Cependant se fondant sur les lois 3 *neg. gest.*, et 18, § 1, *fam. ercisc.*, au Code des auteurs, ont prétendu que l'action *negotiorum gestorum* pouvait concourir avec l'action *famil. erciscund.*, quand celle-ci était applicable ; mais cette opiı ion nous paraît contredire trop formellement la théorie qui résulte clairement des textes que nous venons de citer pour pouvoir être admise.

Il faut cependant répondre aux textes qu'on oppose. Rien n'est plus facile : la loi 3, *neg. gest.*, suppose qu'un frère a acquitté tout entière une dette héréditaire, afin d'éteindre un droit de gage qui frappait sur des choses de la succession : dans ce cas, elle donne le choix entre l'action *negotiorum gestorum* et l'action *famil. erciscundæ*. Ce choix s'explique clairement dans l'espèce : d'une part, l'action *familiæ erciscundæ* est applicable parce que le gage était indivisible ; mais d'autre part l'action *negotiorum gestorum* est aussi applicable parce que la dette qui a été acquittée était divisible.

Cette décision particulière ne fait donc qu'appliquer nos principes, loin de les ébranler. Quant à la loi 18, § 1, elle énonce simplement l'existence des deux actions, sans affirmer en rien la possibilité de leur concours. On doit donc reconnaître que chacune de ces actions a une sphère d'application distincte, ainsi que nous l'avons établi plus haut.

Il faut enfin, en quatrième lieu, que le dommage éprouvé ne soit amené par aucune faute du cohéritier lésé ; en effet, la loi 203, *de regulis juris*, pose ce principe : « *Quod quis ex culpa* « *sua damnum sentit, non intelligitur damnum*

« *sentire.* » La loi 44, § 5 de notre titre, en tire les conséquences dans le cas d'un engagement qu'un des cohéritiers a violé.

§ III.

Les textes de notre matière nous fournissent un grand nombre d'applications des principes que nous venons d'exposer.

C'est ainsi que la loi 19 nous dit que les cohéritiers doivent partager entre eux les avantages de toute nature que l'un d'eux a retirés des choses héréditaires.

La loi 56 parle spécialement des fruits; la loi 7, de la vocation héréditaire elle-même, qu'un héritier a fait reconnaître seul en justice, pendant que son cohéritier était retenu dans une inaction involontaire.

La loi 18, § 3, accorde même à l'héritier qui a fait des dépenses les intérêts de ses déboursés à partir de la mise en demeure; et la loi 18, § 4, permet à un héritier de forcer son cohéritier à contribuer à certaines dépenses avant même qu'il ait rien déboursé.

Il faut toutefois que la dépense ait été utile dans le principe (L. 27, *de negot. gestis*); mais cette condition suffit. Ainsi, il doit être tenu compte de la dépense effectuée utilement, quand même la chose qui en aurait été l'objet viendrait plus tard à périr entièrement. (L. 31, D., h. t., 8 *in fine*; et 9, 25, c. d., D.)

Enfin la loi 16, § 6, nous dit que si un esclave héréditaire a commis un vol au préjudice d'un des cohéritiers, le juge de l'action *familiæ erciscundæ* devra indemniser l'héritier victime du vol. C'est qu'en effet l'action noxale de vol ne pourrait dans ce cas être délivrée, car l'héritier qui l'intenterait, en étant lui-même tenu pour partie en qualité de copropriétaire de l'esclave, serait repoussé par une exception.

ARTICLE II.

Des prestations qui proviennent d'une faute d'un cohéritier.

§ Ier.

Le cohéritier qui a causé quelque dommage à l'hérédité en doit la réparation. (L. 19, C., *fam. erc.*)

§ II.

Il faut toutefois que le dommage causé provienne d'une faute du cohéritier.

Cette faute, d'après la loi 25, § 16, doit s'apprécier, non pas *in abstracto*, d'après le type du bon père de famille, mais *in concreto*, c'est-à-dire d'après le degré de diligence que le cohéritier apporte à ses propres affaires.

Le texte nous donne les raisons de cette responsabilité : d'une part le cohéritier doit être sévèrement tenu, parce que ce n'est pas la prudence qui le choisit, mais le hasard qui l'impose : « *Quoniam cum coherede non contrahi-* « *mus sed indicimus in eum* » d'autre part, son obligation doit être tempérée par des considérations tirées de sa personne même, parce qu'en somme il agit en qualité de propriétaire : « *Quo* « *niam propter suam partem causam habuit ge-* « *rendi.* »

Du reste, la faute peut résulter même d'un acte négatif : c'est ainsi que dans la loi 25, §§ 17 et 18, nous voyons l'héritier responsable de sa négligence ou d'un simple refus de consentement.

§ III.

Si le cohéritier est responsable de sa négligence, à plus forte raison est-il responsable de ses délits Toutefois à ce sujet des distinctions sont nécessaires à établir.

Examinons d'abord le *furtum*. Trois hypothèses sont possibles :

1° Le vol a été commis avant la mort du *de cujus* : dans ce cas, d'après la loi 16 § 4, l'héritier ne sera pas tenu par l'action *familiæ erciscundæ*, qui reste étrangère aux actes des héritiers antérieurs à la mort du *de cujus*; ses cohéritiers auront contre lui l'action *furti*.

2° Le vol a été commis quand l'hérédité était jacente : dans ce cas, d'après la loi 2, § 1, *expilatœ hereditatis*, c'est le *crimen expilatœ heredi tatis* qui sera applicable.

3° Enfin le vol a été commis après l'adition d'hérédité : dans ce cas, les deux actions *furti* et *familiœ erciscundœ* pouvaient également être intentées contre l'héritier coupable. (L. 16, § 4, h. t., et 45 *de furtis*.)

Si le vol est commis, non plus par un cohéritier, mais par son esclave, l'action *familiœ erciscundœ* n'est donnée contre ce cohéritier pour obtenir réparation du dommage qu'autant qu'il est coupable de négligence dans le choix qu'il a fait de l'esclave. Toutefois, les cohéritiers victimes du dol ont toujours l'action noxale contre le maître.

Tout ce que nous venons de dire du *furtum* s'applique également en cas de *damnum injuriœ datum*. Si le dommage a été causé avant l'adition de l'héritier coupable, les cohéritiers, après avoir fait adition eux-mêmes, ont contre lui l'action de la loi *Aquilia*; si le dommage a été causé après l'adition, les cohéritiers ont et l'action de la loi *Aquilia* et l'action *familiœ erciscundœ*.

Dans l'action *familiœ erciscund*, l'auteur du dommage ne peut toujours être condamné qu'au simple; au contraire, dans l'action *furti*, outre la réparation du préjudice, on peut poursuivre une peine; il en est de même dans l'action de la loi *Aquilia*. En effet, dans cette action la condamnation est prononcée au double en cas de dénégation, et le juge peut fixer comme indemnité la plus grande valeur que la chose aurait atteinte, soit dans l'année, soit dans les trois derniers mois, suivant la nature du dommage.

Dès lors, on comprend l'intérêt qu'auraient les cohéritiers lésés à recourir à l'action *furti* ou à l'action de la loi *Aquilia*, après avoir d'abord intenté l'action *familiæ erciscundæ*. Il est bien évident qu'il ne peut être question de cumuler les avantages entiers que procure chacune de ces actions; mais seulement d'obtenir ce que l'action pénale contient de plus que l'action *familiæ erciscundæ*. Dans ces limites, la prétention des cohéritiers est parfaitement admissible (l. 34, § 2, *de oblig et act.*; l. 7, § 1, *commodati*; l. 2, § 3, *de privatis delictis*).

Les lois 13 et 14 *de rei vind.* et 36, § 2, *pet. hered.* semblent, au premier abord, contredire ces principes; en effet, elles exigent que celui qui veut, au moyen de l'action en revendication, se faire indemniser d'un dommage qu'il a souffert s'engage à ne pas intenter l'action de la loi *Aquilia*. Toutefois, cette décision ne contredit pas formellement les principes que nous venons de poser, et on peut la concilier avec eux. Il suffit de remarquer qu'il est possible que ces lois visent le cas où la personne lésée voudrait cumuler l'intégralité des avantages de chacune des actions, et non pas seulement l'excédant que l'une d'elles peut encore procurer après l'exercice de la première.

CHAPITRE VI.

DE LA MISSION DU JUGE.

SECTION PREMIÈRE.

Idées générales.

Dans l'action *familiæ erciscundæ* le juge reçoit une mission des plus larges. Il s'appelle *arbiter*, et bien que Cicéron ait défié ses contemporains de préciser la différence exacte qui existe entre le *judex* et l'*arbiter*, il est certain cependant que le mot *arbiter* implique une extension plus grande du pouvoir et de l'appréciation arbitraire du juge.

La mission du juge ne se borne pas au partage de l'hérédité, elle comprend encore plusieurs attributions que nous allons successivement examiner.

1° Il doit, en vertu de son pouvoir discrétionnaire prendre toutes les mesures utiles pour faciliter le partage et en assurer les résultats dans l'avenir.

Ainsi il doit ordonner la vente d'un ou de plusieurs objets de la succession, afin de pouvoir au moyen du prix payer les legs de sommes d'argent (l. 26).

Il doit aussi ordonner le dépôt de l'écrit testamentaire et des titres faisant partie de la succession.

C'est qu'en effet la loi 6 repousse avec raison la licitation comme moyen d'attribuer ces obje's qui par leur nature même doivent rester communs à tous les cohéritiers. Ces pièces doivent être déposées, soit dans un temple, soit chez le principal héritier, soit chez l'héritier ou le tiers désigné par le suffrage des communistes ou la volonté du défunt (l. 8. *princ.*). Quelquefois le juge choisit celui qui offre le plus de garanties, et la loi dernière au Digeste, *de fide instr.*, indique les différentes circonstances. qui doivent diriger son choix. Quelquefois aussi le sort désigne le dépositaire (l. 5). Dans tous les cas le dépositaire doit donner caution de représenter ces titres à toute réquisition, et le juge veille à ce que des copies en soient faites et remises aux autres cohéritiers (l. 4, § 3, et l. 5).

Le juge doit aussi, en certains cas, prescrire aux héritiers des stipulations judiciaires qui préviendront les inégalités que les circonstances postérieures au partage pourraient y introduire. C'est là un de ses pouvoirs les plus importants. Les lois 23 et 25, § 10 et 13, donnent des applications de ces principes.

2° Le juge doit aussi assurer l'accomplissement exact des volontés du défunt. Par exemple, dans le cas où celui-ci a ordonné la vente d'un esclave en pays étranger ou la construction d'un monument funèbre (l. 8, § 2).

3° Enfin le juge doit faire respecter les droits de l'honnêteté et de la sécurité publiques.

A ce titre il doit ordonner la destruction des poisons, et des livres dangereux qui peuvent se trouver dans l'hérédité, et la restitution des objets qui n'y sont entrés que par suite d'un sacrilége, d'un vol ou de tout autre crime (l. 4, § 2, h. t., D. et l. 5, pr., *de calum.*, D.).

Il veille aussi à ce que la destination religieuse qui a été donnée à certains lieux leur soit exactement conservée (l. 30).

SECTION II.
Des adjudications.

Le juge, pour effectuer le partage, a deux moyens que le droit civil remet en son pouvoir; le premier est l'adjudication par laquelle il constitue la propriété et les droits réels; le second est la condamnation par laquelle il crée des droits personnels; nous allons d'abord nous occuper de l'adjudication.

L'adjudication est un mode civil de transférer la propriété qui remonte jusqu'à la loi des XII Tables. Ici ce n'est pas le magistrat qui constitue le droit, c'est le juge.

Nous allons passer en revue les différentes choses qui sont susceptibles d'adjudication et nous verrons, à propos de chacune d'elles, les effets juridiques produits par cette adjudication.

D'abord, peuvent être adjugées sans difficulté aucune les choses *mancipi* ou *nec mancipi*, dont le défunt avait la propriété quiritaire. L'adjudication a alors pour effet de transférer le domaine civil (Ulp., *reg.*, 19, 16).

Toutefois, un texte de Paul, renfermé dans les fragments du Vatican, a fait avec raison modifier cette solution absolue par une distinction. La propriété quiritaire est transférée si le *judicium* est *legitimum*; au contraire, elle ne l'est pas, et la chose est mise seulement *in bonis* de l'adjudicataire, si le *judicium* est *imperio continens*.

Le § 47, *fr. Vat.* ne parle, il est vrai, que de l'usufruit « *Item potest constitui ususfructus et familiæ erciscundæ vel communi dividundo judicio legitimo.* » Mais la loi 44, § 2 de notre titre, qui est aussi du jurisconsulte Paul, fait supposer que cette règle s'applique aussi à la propriété ; elle dit en effet, d'une manière générale : « *Adjudicationes prætor tuetur exceptiones aut actiones dando.* »

Ce texte implique donc que la propriété quiritaire n'est pas toujours transmise par l'adjudication, qu'il est des circonstances où le préteur doit suppléer au défaut d'action civile par le secours d'une exception. La loi 7, *de publiciana in rem actione*, conduit à la même solution. Ces cas sont évidemment ceux où l'action intentée n'est qu'un *judicium imperio continens.*

Du reste, cette différence peut s'expliquer en raison : dans les *judicia legitima*, la loi *Julia judiciaria* avait réglé la mission du juge, et, dès lors, ce juge investi de son pouvoir par la loi civile, conférait sans difficulté le *dominium ex jure Quiritium* ; au contraire, dans les *judicia imperio continentia*, c'est du pouvoir du préteur qu'émane le pouvoir du *judex* ; donc, il ne peut lui être supérieur : et, comme le magistrat ne peut transférer le domaine quiritaire, le juge ne le pourra pas plus que lui, et mettra seulement *in bonis* de l'adjudicataire la chose qu'il lui attribue.

L'adjudication s'applique aussi aux différents droits réels, comme à l'emphythéose, à la possession de bonne foi, aux servitudes, même aux droit réels qui ne sont protégés que par le secours du préteur, tels que le domaine provincial, les droits de superficie, etc. (L. 10). Dans ces cas, l'effet de l'adjudication est de transmettre à l'adjudicataire les actions civiles ou prétoriennes par lesquelles ces droits sont protégés.

L'adjudication s'applique aussi aux choses léguées sous condition (l. 2, § 3). L'effet de l'adjudication était d'en transférer la propriété ; mais l'événement de la condition enlevait la propriété à l'héritier pour la faire passer sur la tête du légataire (L. 66, *de rei vindic.*)

Quant à l'usufruit, l'adjudication ne pouvait s'y appliquer : en effet, l'usufruit ne pouvant quitter la tête de l'usufruitier sans périr, le juge ne pouvait le transporter d'un héritier à l'autre.

Il parvenait à un résultat analogue au moyen de divers expédients que les textes nous indiquent. Ainsi, il louait l'usufruit resté indivis à l'un des héritiers ou à un tiers, et en partageait le revenu annuel, ou bien il attribuait à chacun l'usufruit sur une partie limitée de l'immeuble. S'il s'agissait de meubles, il en attribuait l'usufruit à chacun des héritiers successivement pendant un laps de temps déterminé (l. 7, § 10, c. d.) Dans tous les cas, des stipulations réciproques assuraient l'égalité de cet équivalent d'un partage (Loi 16).

Il est à remarquer que l'adjudication, qui ne peut s'appliquer à un usufruit préexistant, peut parfaitement constituer un nouveau droit d'usu fruit. Toutefois, comme nous l'avons vu plus haut, le § 47 *de frag. Vat.* exige pour la constitution d'un droit d'usufruit que le *judicium* soit *legitimum.*

Quand le juge a adjugé *fundum Titio, usum-fructum Seio*; *Titius*, contrairement à ce qui se passerait s'il avait reçu un legs dans les mêmes termes, n'aura droit qu'à la nue-propriété du fonds ; en effet, on ne peut supposer que le juge ait voulu faire succéder une autre indivision à celle qu'il était chargé de détruire.

L'usufruit peut être conféré *ad certum tempus* ou *ad conditionem*. Mais on discutait pour savoir s'il pouvait être conféré *ex certo tempore* ou *ex conditione*. Tandis qu'Ulpien, dans la loi 16 §2 de notre titre, admet sans difficulté l'affirmative, Paul semble pencher pour la négative (49 *fr. Vat.*). La raison de douter qu'il donne n'est pas très-concluante : « *nulla legis actio prodita est de futuro.* » Ce principe est vrai ; mais l'adjudication n'est pas une action de la loi. Nous pensons cependant que cette solution de Paul était celle de l'ancien droit ; d'abord, il est naturel que le juge qui, dans l'action *familiæ erciscundæ*, doit s'occuper des droits actuels des parties, ne leur confère également que des droits actuels afin d'éviter toute complication dans l'avenir. De plus, à cette considération tirée de notre action particulière, on peut ajouter une considération générale portant sur tous les très-anciens actes du droit civil : en effet, même quand ces actes appelés *actus legitimi* ne se rattachent pas aux actions de la loi, cependant il est de règle qu'ils n'admettent pas de terme ni de condition (L. 77, *de regulis juris Vat. frag.*, 329).

L'adjudication peut servir aussi au juge pour établir sur un fonds héréditaire des servitudes au profit d'un autre fonds héréditaire (L. 22 § 3).

Enfin l'adjudication s'applique aussi aux choses que le *de cujus* a reçues en gage. Ce principe n'est nullement contesté ; mais le texte qui l'établit, la loi 29 de notre titre, a donné lieu à de grandes difficultés d'interprétation.

La première partie est assez claire ; voici ce qu'elle signifie : un créancier gagiste est venu à mourir, laissant plusieurs héritiers. Le juge de l'action *familiæ erciscundæ* doit partager entre ces héritiers le bénéfice du gage ; il pourrait atteindre ce but en partageant le gage en nature, mais ce moyen avait paru peu commode et n'était pas employé. Le juge adjuge le gage à l'un des héritiers.

L'adjudicataire se trouve ainsi constitué débiteur vis à-vis de ses cohéritiers. Pour fixer la mesure de cette dette, il faut distinguer, selon que le gage a une valeur supérieure ou inférieure à la dette qu'il garantit. Dans le premier cas, l'estimation de la part des cohéritiers non adjudicataires ne doit jamais dépasser leur part dans la créance héréditaire (l. 7, § 12, *comm. div.*). Dans le second, elle est fixée par une licitation que le juge ouvre entre les cohéritiers. L'héritier qui offre le prix le plus élevé s'engage à fournir à ses cohéritiers leur part héréditaire dans ce prix et reste en possession du gage. Cet adjudicataire ne pourra demander aucune caution à ses cohéritiers; en effet, il ne pourra souffrir aucune perte, puisque, pour rentrer en possession de son gage par l'action *pignoris directa*, le débiteur devra préalablement indemniser le détenteur de toutes les dépenses qu'il a faites pour rester en possession. L'adjudicataire sera dans la position d'un tiers-détenteur qui, poursuivi par l'action hypothécaire, a payé la dette qui grevait l'immeuble qu'il détient; si, plus tard, le propriétaire de l'immeuble revendique contre lui, ce propriétaire ne pourra triompher qu'à la condition de rembourser au tiers détenteur la somme qu'il a dépensée.

Mais c'est sur la phrase suivante que porte la controverse.

Pour arriver à lui donner son sens exact, examinons dès maintenant l'hypothèse que traite la fin de notre loi.

Le jurisconsulte suppose un créancier qui a obtenu un gage sur une chose indivise. Le créancier achète ensuite la part qui appartient à son débiteur. Dans ce cas, le créancier ne pourra pas, au moyen de l'action *pignoris contraria*, forcer le débiteur qui ne veut que dégager sa part indivise à prendre toute la chose et à lui rembourser le prix de son achat. Il n'aurait ce droit qu'autant qu'il aurait acheté sur une vente aux enchères provoquée par le copropriétaire de l'objet engagé, et encore à la condition qu'il n'eût pas poussé les enchères outre mesure. Ce n'est que lorsque toutes ces circonstances sont réunies que la somme déboursée peut être considérée comme dépense nécessaire pour se maintenir en possession du gage, et que l'adjudicataire a le droit d'en obtenir le remboursement par l'action *pignoris contraria*.

Revenons maintenant à la phrase qui fait l'objet des controverses : « *Contra quoque si is heres cui pignus adjudicatum est velit totum reddere, licet debitor nolit, audiendus est.* » Doit on la rattacher aux décisions qui la précèdent ou à celles qui la suivent; en d'autres termes, s'agit-il dans cette phrase d'une exception accordée à l'héritier contre l'action *pigneratitia directa* intentée par le débiteur, ou, au contraire, d'une action *pigneratitia contraria* qui sera intentée contre le débiteur par le cohéritier.

Cujas (l. 23, Paul, t. V, § 539 et suiv.) pense qu'il est question dans notre phrase de l'action *pigneratitia contraria*. Selon lui, le cohéritier adjudicataire n'a pas seulement une exception contre le débiteur, il a encore une action pour forcer le débiteur à reprendre tout le gage et à payer la totalité de ce qu'il doit à l'hérédité.

Bien qu'elle soit contestée, l'opinion de l'éminent jurisconsulte, adoptée aussi par **Pothier**, nous paraît la seule admissible, et le contexte nous suffit pour le démontrer

Paul vient de parler de l'exception que l'héritier adjudicataire peut opposer au débiteur; puis il ajoute : « *Contra quoque si... heres... velit to-* « *tum reddere...* » D'un autre côté aussi, si l'héritier veut forcer le débiteur à reprendre le tout... Evidemment, par ces mots, le jurisconsulte qui vient d'épuiser ce qu'il avait à dire sur l'exception, vise un autre moyen dont le cohéritier adjudicataire peut aussi se servir. Ce moyen, c'est l'action. Et, en effet, l'héritier est représenté comme actif, *velit reddere*, le débiteur comme passif, *licet debitor nolit.*

Les développements qui suivent viennent encore jeter sur cette démonstration une plus vive lumière. On ne peut admettre la même solution, dit Paul, si l'héritier a acquis la totalité de la chose engagée par un achat volontaire; au contraire, on doit la donner s'il a acheté sur une licitation. Or, cette solution qu'il faut donner en cas d'achat forcé, en cas d'adjudication, le jurisconsulte la répète et l'affirme ici dans les termes les plus clairs : *etiam ultro est actio creditori :* il faut accorder à l'héritier l'action contraire.

Qu'on ne dise pas que dans notre espèce l'achat par un des cohéritiers n'a pas été une dépense nécessaire, puisqu'en somme si l'arbitre a adjugé le gage, ce n'était pas par nécessité, mais seulement pour plus de commodité ! L'ordre du juge qui a apprécié que l'adjudication était utile pour la liquidation des droits héréditaires suffit pour qu'on ne puisse reprocher à l'héritier adjudicataire d'avoir acheté par pur caprice, et donne à son achat, qui est la conséquence inévitable de sa position de créancier pour partie, le caractère d'une dépense nécessaire.

L'opinion de Cujas et de Pothier se trouve donc justifiée et la phrase *contra quoque*, etc., vise non pas une exception à opposer à l'action *pigneratitia directa* du débiteur, mais bien l'action *pigneratitia contraria* qui peut être intentée contre le débiteur par l'héritier adjudicataire.

Nous savons quelles sont les choses susceptibles d'adjudication et quels sont les effets que cette adjudication produit. Examinons maintenant les divers moyens que le juge peut employer pour arriver au but final de l'action en partage.

Ces moyens varient selon les circonstances et le juge a dans leur choix la plus grande latitude.

D'abord le juge peut diviser les fonds communs en parties intégrantes, et adjuger une portion à chacun des cohéritiers (l. 22. § 2).

Toutefois il faut pour qu'il se détermine à le faire que la chose soit commodément partageable en nature (l. 1, C. c. d.), et que cette division matérielle ne compromette aucun droit des tiers (l. 7, D. c. d.).

. Nous avons vu qu'il pouvait adjuger la nue-propriété à l'un et l'usufruit à l'autre (l. 6 § 10, D. c. d.).

Enfin, si le partage en nature est impossible, il peut adjuger tous les objets à l'un des cohéritiers en le condamnant à payer aux autres une soulte qui rétablira l'égalité (l. 55, *h. t.*).

Du reste, il n'a jamais été nécessaire en droit romain que les lots fussent composés de biens de même nature.

Quelquefois le juge estime lui-même les choses qu'il adjuge (l. 10, § 2, c. d., D); quelquefois il les met aux enchères entre les cohéritiers appelant à concourir avec eux, même, des étrangers si la fortune d'un des communistes ne lui permet de lutter à armes égales avec ses cohéritiers (l. 3, Code, c. d.).

Si le juge n'a pas sa mission toute tracée par les dernières volontés du *de cujus* ou l'accord des cohéritiers, il doit suivre entre ces deux différents partis celui que lui conseillera l'utilité commune (l. 21, D., c. d.).

Nous avons déjà eu l'occasion de dire que les créances et les dettes ne rentrent pas dans l'action *familiæ erciscundæ* parce que la loi elle-même en fait la division de plein droit. Il ne faut pas croire cependant que le juge n'ait pas à s'en occuper; en effet, comme peut-être déjà on a pu le remarquer, la mission du juge s'étend beaucoup au-delà de l'objet de l'action.

Si pour leur plus grande commodité les cohéritiers consentaient à modifier, en ce qui concerne les dettes et les créances héréditaires, les strictes conséquences de la loi, le juge devait donner sa sanction aux divers moyens qu'ils employaient pour atteindre ce but, et si quelques-uns d'entre eux s'y refusaient, le juge saisi de l'action devait interposer son autorité, et exiger des cohéritiers les stipulations nécessaires pour obtenir le résultat le plus utile.

Cette attribution, c'est l'expression qu'emploient les textes, n'avait pas sur les droits de créance la même puissance que l'adjudication sur les droits réels ; elle n'enlevait pas la qualité de créancier à un ou à plusieurs des cohéritiers pour la transférer à un ou à plusieurs autres : aussi l'héritier attributaire agissait il partie en son propre nom, partie en qualité de *procurator in rem suam* (l. 3 et l. 2, § 5).

SECTION III.

Des condamnations.

L'adjudication, ainsi que nous venons de le voir, a pour effet de créer en la personne des héritiers des droits réels qui n'existaient pas auparavant, afin d'arriver à une répartition exclusive des biens indivis. La condamnation a le même but : elle veut aussi arriver à une répartition définitive des valeurs héréditaires, et son effet spécial est de compenser par une dette qu'elle impose à certains héritiers les avantages qui résulteraient pour eux d'adjudications ou d'attributions trop fortes que leur a faites le juge.

Il ne faut pas confondre les condamnations avec les prestations personnelles dont nous avons parlé plus haut. Ce qui fait l'analogie entre elles, c'est que toutes deux consistent dans un droit de créance qui appartient à un cohéritier contre les autres ; mais ce qui les distingue profondément, c'est leur origine. La prestation prend sa source dans l'hérédité elle-même ; c'est un droit préexistant au partage et que ce partage est appelé à régler ; la condamnation, au contraire, prend sa source dans le pouvoir du juge : c'est un droit nouveau qui assure l'égalité des lots, et qui ne serait jamais né si l'action en partage n'avait pas été intentée.

Souvent des absolutions accompagnaient les condamnations : le juge ayant à condamner chacun des cohéritiers envers les autres, établissait entre eux des compensations, et ne prononçait de condamnation que pour l'excédant. Ce pouvoir de compenser semble n'avoir pas été accordé au juge sans quelque difficulté ; mais le caractère d'action de bonne foi que nous avons reconnu à l'action *familiæ erciscundæ* devait le faire admettre, et nous le voyons reconnu en effet dans la loi 52, § 2.

Du reste il faut, pour que ces absolutions et ces condamnations soient valables, qu'elles portent sur tous les cohéritiers qui ont été mis en cause dans l'action : ainsi, si nous supposons trois cohéritiers en cause, et une condamnation en faveur de *Primus*, prononcée seulement contre *Secundus*, et omise contre *Tertius*, la condamnation prononcée contre *Secundus* sera nulle non seulement pour moitié, mais pour le tout, parce que la chose jugée, quand il s'agit de décisions reliées entre elles par le lien d'une connexité intime, ne peut se scinder et être à la fois valable pour partie et nulle pour partie.

CHAPITRE VII.

EFFETS DU PARTAGE.

Dans le droit romain, le partage était considéré comme une vente ou un partage : il était translatif de propriété. Dans notre droit, au contraire, il est considéré comme déclaratif : il constate une propriété antérieure, et ne la crée pas.

Il est remarquable toutefois que la doctrine romaine ne s'est pas établie sans certaines luttes ; et nous trouvons dans la loi 31, *de usu et usufructu*, au Digeste, une opinion curieuse de Trébatius, qui prouve que la théorie qu'a admise le

Code Napoléon avait déjà été proposée et soutenue par certains jurisconsultes romains.

Mais la doctrine qui considère le partage comme translatif de propriété finit par triompher à Rome, et les conséquences qu'elle entraîne furent déduites sans contestation toutes les fois que la pratique présenta l'occasion de le faire. C'est ainsi que dans notre loi 31, *de usu et usufr.* elle-même, dans la loi 6, § 8, D., c. d., dans la loi 7, § 4, D., *quibus modis pignus*, nous voyons que chacun des cohéritiers recevait les biens compris dans son lot affectés des hypothèques et autres droits réels qui avaient pu s'y asseoir du chef des autres copartageants durant l'indivision.

Quelques personnes ont cru voir une dérogation à ce principe dans la loi 1re, au Code, *communia de legatis*. Dans cette loi, en effet, Justinien, voulant donner aux légataires une hypothèque sur les biens de la succession, s'exprime ainsi : « *In tantum et hypothecaria* « *actione unumquemque conveniri volumus in* « *quantum personalis actio adversus eum com-* « *petit.*» L'action hypothécaire ne pourra atteindre chaque héritier que dans la mesure de ce qu'il devrait payer par suite de l'action personnelle. Justinien a compris que le *de cujus* n'ayant jamais été personnellement débiteur des legs qu'il a faits, on pouvait, sans blesser le principe de l'indivisibilité de l'hypothèque, ne donner contre chaque héritier qu'une action hypothécaire proportionnelle à la part qu'il prend en qualité d'héritier. En effet, à la mort du testateur, le legs s'est trouvé divisé de plein droit entre les cohéritiers, et l'action hypothécaire, s'appliquant à chacune de ces créances, est née elle-même divisée.

Mais nous ne saurions comprendre comment cette décision, excellente en soi, pourrait s'opposer à l'application des principes ordinaires en matière de partage.

Justinien se place naturellement au moment du décès du testateur ; c'est-à-dire pendant que l'indivision dure, et avant que les cohéritiers aient procédé au partage ; mais Justinien ne dit rien de ce qui devra se produire après le partage. Dès lors, pourquoi ne pas appliquer les principes ordinaires ? Les copartageants sont les ayants-cause les uns des autres ; donc, l'hypothèque du légataire, qui était limitée dans la mesure de l'action personnelle, s'étendra sans limitation aucune sur la totalité de l'immeuble adjugé ; car cet immeuble n'a pu entrer entre les mains de l'adjudicataire, que frappé des hypothèques qui le grevaient du chef des autres cohéritiers.

La théorie romaine sur les effets du partage devait produire en matière d'usucapion de curieux résultats.

Une personne possédait de bonne foi un immeuble; elle meurt laissant plusieurs héritiers : l'immeuble est adjugé à l'un des cohéritiers, et cet héritier sait que l'immeuble appartient à un tiers. Il usucapera pour la partie qu'il tient à titre d'héritier, parce que, pour cette part, il continue la possession du *de cujus;* il n'usucapera pas pour la partie qu'il tient de ses cohéritiers à titre de coéchangiste, parce que, pour cette part, il est successeur à titre particulier, et, dès lors, il doit trouver en sa propre possession les caractères qui permettent d'usucaper.

Si nous supposons, au contraire, que le *de cujus* était de mauvaise foi, l'héritier adjudicataire, même de bonne foi, ne pourra usucaper que pour la part qu'il a reçue à titre particulier.

Ces conséquences ressortent nettement des principes; nous pensons donc qu'on doit les admettre, malgré le silence des textes, et les résultats singuliers qu'elles entraînent.

Le partage avait encore pour effet d'obliger les cohéritiers à se fournir une garantie réciproque en cas d'éviction.

Cette obligation de garantie, assez difficile à expliquer juridiquement dans le système où le partage est déclaratif, découle tout naturellement des principes ordinaires dans le système où le partage est attributif. En effet, dès qu'on assimile le partage à une vente, comme le fait la loi 1, au

Code, *Commun. utr. jud.*, la garantie qui est de
la nature de la vente doit aussi résulter du partage.

L'action par laquelle le cohéritier évincé ré-
clamera la garantie, sera l'action *ex stipulatu* si
le juge a eu soin de faire intervenir des stipulations à ce sujet, ou l'action *pærscriptis verbis* si
aucune stipulation n'est intervenue (L. 7, Code,
comm. utr. jud., 20, § 3 et 25, § 21, h. t., D.).

Quand les deux actions sont également possibles, le cohéritier évincé pourra choisir celle qui
lui offrira le plus d'avantages.

Il est impossible de déterminer *a priori* celle
qui sera la plus avantageuse. En effet, elles ont
des caractères différents qui devront, selon les
circonstances, faire préférer l'une à l'autre :
l'action *præscriptis verbis* permet d'obtenir tout
l'intérêt qu'avait le cohéritier à ne pas être évincé,
tandis que l'action *ex stipulatu* ne donne que ce
qui avait été formellement stipulé; mais quelquefois aussi l'action *præscriptis verbis* ne pourrait plus s'intenter, comme dans le cas où
le cohéritier connaissait, lors du partage, la
cause d'éviction, et dans les mêmes circonstances
l'action *ex stipulatu* resterait applicable (l. 7,
Comm. utr. jud., Code).

L'indemnité qui devait être fournie à l'héritier
évincé s'appréciait d'après la valeur du fonds,
non pas lors du partage, mais lors de l'éviction :

c'estce qu'exprime clairement la loi 66, § 3, au Dig., *de evictionibus*.

La similitude que les textes établissent entre le partage et la vente, devait encore amener la rescision du partage pour lésion ; c'est eu effet ce que nous voyons écrit dans la loi 3 au Code, *Comm. utr. jud.*

Toutefois, ce texte est le seul qui parle de la rescision du partage pour lésion, et il admet en certains cas le principe, sans indiquer aucune réglementation de détail; aussi a-t-il donné lieu à de grandes incertitudes.

Le texte décide clairement que lorsqu'il y a dol et fraude, lorsque le partage a été fait à l'amiable, et mal fait, il y a lieu à rescision pour lésion.

Mais que décider quand il n'y a eu ni dol, ni fraude, ni partage à l'amiable mal fait? Dans tous ces cas le texte est muet.

Toutefois, la raison même qu'il donne des solutions particulières que nous venons de rappeler, nous permet de suppléer à son silence. Dans les actions de bonne foi, dit-il, on doit réparer les inégalités dès qu'elles sont constantes. Or, si ce principe est vrai, il conduit nécessairement à admettre la rescision pour lésion dans tous les cas possibles. Cette conclusion, d'ailleurs, est encore confirmée par l'analogie, on pourrait presque dire l'identité, que la loi 1 du même titre établit entre la vente et le partage.

Mais, quelle étendue doit avoir la lésion pour permettre la rescision? Ici encore le silence des textes nous laisse dans l'incertitude. Deux décisions également plausibles ont été présentées : des auteurs exigent toujours une lésion de plus de moitié, comme pour la vente. Ils se fondent sur la loi 1, *comm. utr. jud.* au Code, qui assimile le partage à la vente. D'autres auteurs se contentent d'une lésion quelconque dès que le partage a été vicié par le dol ou la fraude : ils voient dans cette opinion le moyen de concilier la loi 1 avec la loi 3 qui, supposant le dol, implique la rescision de la manière la plus absolue.

Nous avons épuisé les principales questions auxquelles peut donner naissance, en droit romain, le partage d'une hérédité. Nous proposant de traiter en droit français du partage d'ascendant, nous aurons souvent l'occasion d'appliquer dans la suite de notre travail les différents principes que nous venons d'établir ; nous devrons même encore les appliquer au droit romain lui-même, car dans les préliminaires historiques qui précéderont l'explication des articles du Code, nous retrouverons la matière spéciale du partage d'ascendant en droit romain qui, comme son nom l'indique, n'est qu'une espèce particulière de partage.

———

DROIT FRANÇAIS

DU PARTAGE D'ASCENDANT.

CHAPITRE PRÉLIMINAIRE.

AVANTAGES ET INCONVÉNIENTS DU PARTAGE D'ASCENDANT.

Nous nous proposons de traiter en droit français du partage d'ascendant, c'est-à-dire du droit que la loi accorde aux ascendants de partager eux-mêmes leurs biens entre leurs descendants, soit par acte entre vifs, soit par testament.

Avant d'entrer dans les détails de cette institution, il est bon de se faire de ses résultats une idée générale et d'en reconnaître tout d'abord les avantages et les inconvénients.

Ces avantages sont nombreux. D'abord, par le partage, l'ascendant peut prévenir les dissensions que le choc d'intérêts contraires aurait peut-être allumées entre ses descendants. Chacun d'eux recevant sa part toute faite des mains de celui qui a le plus de droit à son respect et à sa reconnaissance, cette cause de discorde est de beaucoup atténuée; et le père en mourant peut écarter «la douloureuse idée que les travaux dont le produit devait rendre sa famille heureuse seront l'occasion de haines et de discordes. » C'est là le but principal du législateur; c'est cette pensée qui a dicté les Novelles de Justinien (*ut a fraterno certamine eos præservent*), comme elle a inspiré les rédacteurs de notre Code. (Voir l'exposé des motifs de M. Bigot de Préameneu.)

Le partage d'ascendant a encore pour but et pour effet d'éviter les frais d'un partage en justice. En effet, si parmi les descendants il y avait des mineurs ou des interdits, le partage aurait dû se faire en justice, à moins que les cohéritiers ne se fissent résignés à subir une indivision prolongée jusqu'à la cessation de la minorité ou de l'interdiction.

En troisième lieu, le père, qui connaît exactement la nature de ses biens et aussi les aptitudes et les goûts de ses descendants, peut, sans blesser l'égalité, attribuer à chacun les biens qui lui conviennent le mieux, et prévenir l'attribution fâcheuse qu'en aurait faite autrement la main aveugle du sort.

On a dit encore que, grâce à notre institution, l'ascendant pouvait éviter dans la distribution de ses biens des morcellements funestes ; mais cette considération perd singulièrement de son importance, si, dans la controverse que nous examinerons plus loin, on décide que le père, soumis, comme le juge, aux art. 826 et 832, doit composer les lots de biens de même nature.

Tels sont les principaux avantages que présente le partage d'ascendant, qu'il soit fait par acte entre vifs ou par testament. Nous allons maintenant examiner les avantages propres aux partages entre vifs.

Touchant à la fin de sa vie et épuisé par les ans, l'ascendant peut désirer le repos après ses longues fatigues ; il sera heureux de trouver à déposer entre des mains plus jeunes et plus actives le fardeau d'une administration trop lourde pour sa vieillesse.

Il peut aussi, dans sa tendresse pour ses enfants, vouloir leur transmettre, même avant sa mort, des biens qui leur assureront un établissement plus précoce et plus avantageux.

Enfin, il peut encore vouloir se soustraire, par un abandon anticipé, à une interdiction qui le menace.

Toutefois, comme toutes les institutions hu-

maines, à côté de ses avantages, le partage d'ascendant présente quelques inconvénients.

D'une part, excité par la jalousie et la cupidité, un des descendants peut être tenté d'attaquer, sous prétexte qu'elle lèse ses intérêts, une
distribution à laquelle il n'a pas participé et
jeter ses frères dans les frais et les embarras
d'un procès.

D'autre part, sous le masque d'un partage qui
fait présumer l'égalité, l'ascendant peut cacher
des avantages indirects qu'il n'aurait peut-être
pas osé faire ouvertement.

Enfin, le partage fait par acte entre vifs a
l'inconvénient d'exposer à l'ingratitude de ses
enfants celui qui, dépouillé de tout en leur faveur, n'a plus pour les maintenir dans le devoir
le double frein de l'espérance et de la crainte.

Quelque graves que soient ces inconvénients, nous n'hésitons pas à affirmer qu'en
somme, le partage d'ascendant est une excellente
institution. Les inconvénients ne sauraient en
balancer les nombreux avantages; et d'ailleurs
la sagesse du père, dirigée par sa propre affection et les conseils désintéressés du notaire qui
l'assistera le plus souvent, pourra presque toujours prévenir les dangers qu'il présente.

Du reste, le fréquent usage que la pratique
fait de cette institution montre qu'elle en a
parfaitement compris l'utilité.

PREMIÈRE PARTIE.

NOTIONS HISTORIQUES.

CHAPITRE PREMIER.

LÉGISLATIONS ANTÉRIEURES AU DROIT ROMAIN.

D'après ce que nous venons de dire du partage d'ascendant, on a pu remarquer qu'il est entièrement fondé sur la puissance paternelle, et repose à la fois sur l'autorité et sur l'affection qu'il suppose chez un père. Aussi cette institution a-t-elle dû exister chez tous les peuples où la puissance paternelle était fortement constituée.

Nous la trouvons chez les Hébreux ; Salomon, au livre *De la Sagesse* (chap. 17, verset 2), nous dit : « *sapiens dominabitur filiis stultis, et inter fratres hereditatem dividet.* » Le Deutéronome (chap. XVI, verset 15) nous parle encore du partage d'ascendant,

Nous le trouvons de même chez les Grecs. Ainsi, le testament expliqué par Ésope nous en offre un exemple :

> *Quidam decedens tres reliquit filias.*
> *. . . . . Totam ut fortunam tribus*
> *Æqualiter distribuat.*
>
> (PHÈDRE, l. IV, fab. 5.)

> Cet homme, par son testament,
> Selon les lois municipales,
> Leur laissa tout son bien par portions égales.
>
> (La Fontaine, l. ii, fab. 20.)

Toutefois nous n'avons sur ces antiques législations que des indices qui prouvent l'existence de l'institution, sans nous en faire connaître les détails. Ne les citant donc que pour mémoire, nous passerons immédiatement à l'étude du droit romain.

CHAPITRE II.

DROIT ROMAIN.

La législation romaine, en ce qui concerne le partage d'ascendant, a passé par quatre phases successives que nous examinerons dans l'ordre chronologique.

Première phase. — Par l'étude que nous avons faite de l'action *familiæ erciscundæ* dans la thèse romaine, nous connaissons déjà cette première phase. La loi des Douze-Tables reconnaissait au père de famille un droit absolu de tester. Il en résultait qu'un père de famille, après avoir institué des héritiers dans un testament valable, pouvait, au moyen de legs *per præceptionem,* distribuer entre eux son hérédité indivise. Si l'on suppose que le père a institué ceux de ses descendants qui devaient venir à l'hérédité *ab in-*

testat, nous aurons un résultat semblable à celui du partage d'ascendant moderne.

Toutefois il faut bien se garder de voir dans cette distribution un véritable partage d'ascendant : le résultat, dans un cas particulier, se trouve fortuitement être le même; mais les institutions restent essentiellement différentes.

Cette distribution, au moyen de legs *per præceptionem*, n'était que l'application ordinaire du droit de tester; la qualité seule de propriétaire suffisait pour la permettre, indépendamment de toute relation de parenté directe entre le testateur et le légataire; elle ne constituait donc en aucune façon un privilége réservé à la qualité d'ascendant, et l'on appliquait les règles des dispositions testamentaires et non celles du partage. En somme, il n'y avait là qu'un ensemble de legs particuliers.

Il en découlait plusieurs conséquences : ainsi, la contribution au passif héréditaire restait fixée par l'institution d'héritier, sans se régler sur l'émolument. Le père de famille n'était limité dans les inégalités qu'il voulait établir entre ses descendants que par la légitime que la loi leur assurait; il pouvait ne distribuer ainsi qu'une partie de son patrimoine. Enfin, pour que la garantie existât entre les colégataires, il fallait un ordre exprès ou tacite du testateur.

Deuxième phase. — C'est au bel âge du droit

romain, vers le temps de Gaïus, que nous voyons pour la première fois le partage d'ascendant se dégager comme institution spéciale. Aucune loi formelle ne l'introduisit ; il naquit, pour ainsi dire, de lui-même, grâce au progrès de la jurisprudence. On admit qu'un père de famille ayant des enfants en puissance pourrait sans testament faire, par un acte quelconque, avec ou sans écrit, la division de ses biens entre ses enfants.

Sans doute cet acte irrégulier ne pourrait transférer directement la propriété aux descendants ; mais le juge de l'action *familiæ erciscundæ* devrait, par sa sanction, donner à ces attributions imparfaites la force qu'elles n'avaient pas par elles-mêmes.

Nous voyons là l'origine d'une institution nouvelle ; car cette force donnée à un acte nul en soi est bien un privilége accordé à l'ascendant, uniquement à cause de sa qualité. Sans doute on aurait pu voir dans cet acte imparfait comme testament un fidéicommis *ab intestat,* et alors aucun élément nouveau n'aurait été apporté dans la législation ; mais ce n'est pas à ce point de vue que se sont placés les jurisconsultes romains ; ce qui le prouve, c'est qu'on poursuivait l'exécution de cette volonté paternelle par l'action *familiæ erciscundæ*, et non par la procédure extraordinaire spéciale aux fidéicommis. C'est encore que les textes ne parlent jamais que du père, et non de toute personne, quand il s'agit de donner une force légale à l'un de ces actes irréguliers. Donc cette législation nouvelle était bien un privilége accordé à la puissance paternelle.

Le père pouvait faire cette distribution, soit de manière à ce qu'elle produisît des effets immédiats, même de son vivant, soit de manière à ce qu'elle ne s'exécutât qu'après sa mort. Dans les deux cas, et même quand l'acte de partage était exécuté du vivant de l'ascendant, il n'était et ne pouvait être en droit qu'un acte de dernière volonté. En effet, les principes de la puissance paternelle romaine s'opposaient à ce que, pendant la vie de leur père, les enfants pussent recevoir de lui une propriété véritable. Dans le cas donc où le partage avait été exécuté du vivant de l'ascendant, les enfants n'obtenaient qu'une jouissance précaire, et le père conservait toujours la pleine propriété et la libre disposition des biens qu'il avait partagés (D., 1. 20, § 3, *familiæ erciscundæ*, Papinien).

Un propriétaire quelconque aurait pu, de son vivant, distribuer par donations entre-vifs, véritablement valables, les biens qui, après sa mort, auraient été partagés entre ses héritiers présomptifs autres que ses descendants. Mais, dans ce cas, comme le rapport ne pouvait avoir lieu, les Romains ne voyaient que des donations ordinai-

res, qui n'avaient aucune analogie avec le partage d'ascendant par acte entre-vifs de notre
Code.

De ces principes résultent plusieurs conséquences. D'abord, ce partage ne pouvait être fait
que par un ascendant ayant la puissance paternelle, et ne pouvait comprendre que les descendants que la loi appelait à la succession *ab
intestat*. En effet, cet acte n'était pas un acte
d'attribution, mais seulement de distribution;
un étranger aurait dû nécessairement être institué par un acte de disposition ordinaire.

Sauf ces points qui lui sont spéciaux, cette
nouvelle institution produit exactement les mêmes effets que le partage que tout testateur pouvait effectuer entre ses héritiers, au moyen de
legs *per præceptionem*. Dès lors, il n'y a pas réellement un partage, puisque l'égalité essentielle
au partage pouvait être impunément violée par
l'ascendant qui n'était limité dans ses avantages
préciputaires que par la nécessité de donner à
chaque descendant au moins sa légitime. C'est toujours la théorie des dispositions entre vifs qui do-
mine.

Cependant, par une espèce d'anomalie, que
peut seule expliquer une présomption de la volonté paternelle, on avait admis la garantie de
plein droit dans ces actes à tort qualifiés de partage. Cette solution, bien que contestée, nous

semble ressortir clairement des textes (D., 39, § 5, *fam. erc..*, et 77, § 8, *de legatis* 2°).

En résumé, la législation n'est pas changée au fond, et ce n'est en somme qu'un privilége de forme qui constitue ce qu'on est convenu d'appeler le partage d'ascendant en droit romain.

Ce partage, ainsi que nous l'avons dit, était fondé primitivement sur la puissance paternelle du droit civil; mais cette puissance tyrannique s'adoucit peu à peu et finit par se confondre avec la puissance paternelle du droit naturel que le christianisme avait rendue au monde. Ce progrès devait se faire sentir jusque dans notre institution spéciale; aussi voyon-snous Constantin étendre, dans une formule timide encore, le partage d'ascendant à la mère (l. 2, Code théodosien, *fam. erc..*), et plus tard, Théodose bravant dans la forme comme dans le fond, les scrupules qui retenaient le premier empereur chrétien, accorda le même privilége à tous les ascendants (l. 24, § 1, Code, *de testam.*).

Troisième phase. — Constantin introduisit encore une autre modification. D'après les principes ordinaires, un testament irrégulier ne pouvait contenir des dispositions valables, même comme fidéicommis, qu'autant qu'il renfermait la clause codicillaire. L'empereur suppléa cette clause, en ce qui concernait les dispositions faites aux enfants, lorsqu'il s'agissait d'un testament imparfait émané d'un père (l. 1, Code théodosien, *familiæ ercisc.*).

Des auteurs ont cru trouver dans cette innovation l'origine du testamentum *inter liberos*; mais c'est à tort, car le texte même de la loi, commenté par Justinien, nous dit que les enfants viendront *ab intestat.* Il résulte de là que le testament irrégulier, validé par l'empereur, perdait son caractère de testament pour rentrer dans la classe générale d'un acte quelconque de dernière volonté et être soumis aux mêmes règles. Donc, la disposition de Constantin est un nouveau privilége de forme, qui ne change rien au fond même de l'institution.

Il faut remarquer que dans cette loi de Constantin nous voyons clairement énoncé que les enfants émancipés peuvent être compris dans cet acte privilégié. C'était là une conséquence nécessaire du progrès de la jurisprudence qui aurait autrement annulé le testament paternel par la *bonorum possessio contra tabulas.* D'ailleurs, ainsi que nous l'avons remarqué, le privilége finit par s'appuyer non plus sur la puissance paternelle du droit civil, mais sur celle du droit naturel.

Quatrième phase. — Les facilités mêmes que la législation donnait au père pour le partage de ses biens entre ses enfants, loin de prévenir les procès, n'avaient fait que les multiplier. Justinien essaya par deux Novelles de porter remède à cet état de choses.

Dans la Novelle 18, chapitre VII, il commence par engager les ascendants à faire un testament ordinaire, c'est-à-dire à suivre pour le partage la voie de droit commun. Puis, l'empereur établit une nouvelle forme spéciale au partage d'ascendant : il exige un écrit signé, soit de l'ascendant, soit des descendants, et spécifiant d'une manière claire et détaillée les objets assignés à chaque descendant.

Justinien, dans la Novelle 107, chap. I, établit une institution nouvelle qu'on a trop souvent confondue avec le partage d'ascendants; nous voulons parler du *testamentum inter liberos*.

L'empereur décide que le père qui voudra faire un testament uniquement entre ses enfants pourra ne pas suivre, s'il le veut, les formalités ordinaires. Il devra seulement écrire de sa main la date, les noms de ceux de ses descendants qu'il institue, et la quotité pour laquelle il les institue. Cette dernière mention doit même être écrite en toutes lettres.

Ce qui distingue essentiellement le *testamentum inter liberos* du partage d'ascendant, c'est que le premier est un acte de disposition qui peut modifier la vocation héréditaire des enfants, tandis que le partage d'ascendant n'est qu'un acte de distribution, qui, en droit, laisse intacte la vocation héréditaire, bien qu'en fait il ne s'astreigne pas à la réaliser.

Dans la même Novelle 107, Justinien ajoute que, si l'ascendant veut en outre (*etiam*) faire un partage par le *testamentum inter liberos*, le détail en doit être également écrit de sa main. C'était assujettir le partage contenu dans un *testamentum inter liberos*, à la même forme que ce testament lui-même.

Comme on a pu le remarquer, ces dispositions introduisent des formes nouvelles; mais, comme après les tempéraments de la jurisprudence et les décisions de Constantin, le fond du partage reste toujours ce qu'il était sous la loi des Douze Tables, c'est-à-dire, un acte distributif, formé d'un ensemble de legs particuliers, qui laisse subsister en droit la vocation héréditaire de chacun des descendants; mais qui pouvant ne pas comprendre tous les héritiers et ne pas établir entre eux l'égalité, demeure toujours complétement distinct d'un véritable partage.

Dans la loi dernière, au Code *de pactis*, Justinien valida les pactes faits sur une succession future, quand ils avaient lieu du consentement du *de cujus*. On peut dès lors en conclure que le partage d'une succession devenait possible pour toute personne, sans un acte ordinaire de dernière volonté, et au moyen du seul concours de la volonté des héritiers présomptifs et de celle

du *de cujus*. Toutefois, on ne saurait y trouver
rien de semblable à notre partage d'ascendant
par acte entre-vifs : un acte de cette nature est
toujours resté complétement étranger au droit
romain.

CHAPITRE III.

ANCIEN DROIT FRANÇAIS.

SECTION PREMIÈRE.
Droit antérieur aux coutumes.

Déjà notre très-ancien droit français, se dé-
gageant à peine du chaos qui suivit l'invasion des
barbares, nous montre des vestiges de l'existence
du partage d'ascendant. Cette institution nous
apparaît dans les formules de Marculfe, et les
capitulaires des Carlovingiens. Mais, c'est surtout
lors de la rédaction des coutumes, qu'elle se fixe
et se développe. A cette époque, la France se divisait en deux parties bien distinctes : les pays de
droit écrit et les pays de droit coutumier; nous
suivrons notre institution dans ces législations
différentes.

SECTION DEUXIÈME.
Droit écrit.

Dans les pays de droit écrit on appliquait le

droit romain, tel qu'il résultait des dernières Nôvelles de Justinien.

Ces Novelles ayant suscité de grandes difficultés d'interprétation, à cause de la confusion que les commentateurs avaient faite presque constamment entre le partage d'ascendant et le *testamentum inter liberos*, l'ordonnance de 1735 essaya de faire disparaître les doutes en donnant une interprétation légale obligatoire. Dans les articles 15 et suivants, elle assimila définitivement, pour la forme du moins, le *testamentum inter liberos* et le partage d'ascendant. Cette forme consistait, soit dans un acte public reçu par un notaire en présence de deux témoins ou par deux notaires, soit dans un acte sous seing privé entièrement écrit, daté et signé de la main de son auteur.

Du reste, d'après son texte même, l'ordonnance ne dispensait pas de l'accomplissement des formalités plus amples que pouvaient exiger les coutumes locales.

Cette même ordonnance prohibait les testaments mutuels et conjonctifs; mais elle excepta de la prohibition les testaments contenant partage par le père et la mère.

Une simplification importante s'introduisit dans la législation romaine appliquée à nos pays de droit écrit. On supprima l'intervention du juge, autrefois nécessaire pour sanctionner l'œuvre irrégulière du disposant, et le partage devint valable par la seule volonté de l'ascendant.

SECTION TROISIÈME.

Droit coutumier.

Dans les pays coutumiers, deux institutions distinctes permettent aux ascendants de faire entre leurs descendants le partage de leurs biens ; ce sont le partage d'ascendant et la démission de biens.

§ 1er. *Partage d'ascendant.*

Un grand nombre de coutumes admettaient formellement le partage d'ascendant, et, dans les coutumes muettes, la pratique suppléait à l'absence des textes.

Même parmi les coutumes qui admettaient expressément l'institution, régnaient les plus grandes divergences : ainsi, tandis que certaines coutumes permettaient le partage à tous les ascendants et même aux collatéraux, d'autres ne parlaient que du père et de la mère ; mais la jurisprudence avait étendu leur texte au moins jusqu'aux ascendants. Quelques coutumes n'accordaient expressément ce privilége qu'aux personnes nobles ; mais ici encore la jurisprudence avait peu à peu élargi le texte.

Généralement le partage tirait son autorité de la seule volonté de celui qui partageait ses biens ;

toutefois quelques coutumes (Artois et Poitou) exigeaient le consentement des descendants pour le partage des propres ; ailleurs (Bretagne) c'était le consentement de quatre parents, deux du côté paternel et deux du côté maternel, qui était exigé pour le partage de tels biens.

Un expédient proposé, dit on, par Dumoulin, affranchissait souvent, en pratique, l'ascendant de la nécessité de ce consentement : l'ascendant faisait à un étranger donation du disponible, disant que cette donation serait nulle, si les descendants agréaient le partage des propres. La validité de cette clause, reconnue par la jurisprudence, portait les enfants à toujours ratifier le partage.

Deux coutumes ne validaient le partage qu'autant que son auteur survivait un certain espace de temps après sa confection. Ce délai était de quarante jours pour la coutume de Bourbonnais, de vingt jours dans celle de Bourgogne. On redoutait les suggestions et l'affaiblissement des facultés intellectuelles qui accompagnent trop souvent l'approche de la mort.

Ces prescriptions rigoureuses en entraînaient d'autres à leur suite : c'est ainsi qu'on avait été amené à assimiler la perte de la raison à la mort, et à exiger que l'acte de partage eût une date certaine. Ces exigences exagérées étaient devenues une source incessante de procès.

Seules les coutumes de Bourbonnais et de Bourgogne s'occupaient de la forme du partage. L'acte pouvait se faire, soit en justice, soit par-devant notaires, ou par-devant un notaire assisté de deux témoins, soit par acte sous seing privé, écrit, daté et signé par l'ascendant. En ce dernier cas, la coutume de Bourgogne exigeait la présentation de l'acte sous seing privé à un notaire assisté de deux témoins.

Comme dans le droit romain le partage d'ascendant dans nos coutumes était un acte qui laissait subsister la vocation héréditaire et tendait à la réaliser par des attributions individuelles de biens particuliers.

Le caractère des dispositions, à titre gratuit, dominait encore et empêchait l'acte d'être un véritable partage.

De là découlent plusieurs conséquences : la plus importante est que les enfants, conservant leur vocation légale à l'hérédité, étaient considérés comme des héritiers, et non comme de simples légataires ; aussi ils avaient la saisine ; chacun d'eux ne prenait une part qu'en qualité d'héritier et qu'autant qu'il était héritier ; chacun était tenu des dettes selon sa part héréditaire, et non d'après son émolument ; enfin ils se devaient entre eux le rapport et une garantie réciproque. Cette dernière solution, bien que vivement contestée est cependant celle qui finit par prévaloir.

Toutefois sur d'autres points aussi très-importants notre droit coutumier avait admis des solutions différentes de celles du droit romain. Ainsi, on n'exige plus la sanction du juge pour valider la volonté de l'ascendant ; la révocabilité du partage est encore admise en principe, mais on y fait exception : 1° lorsque le père et la mère ont partagé conjointement leurs biens, tant communs que personnels, confondus dans une même masse, et que l'un d'eux est décédé ; 2° lorsque le partage a été fait par contrat de mariage, au moins en ce qui concerne l'enfant dans le contrat de mariage duquel le partage était intervenu ; 3° enfin, lorsque le partage avait été exécuté du vivant de l'ascendant. Quelques auteurs proposaient d'appliquer ce dernier principe de plein droit et sans aucune condition ; mais on exigeait généralement, dans ce cas, une renonciation formelle de l'ascendant à la révocabilité de l'acte.

Contrairement encore à la législation romaine le partage devait comprendre l'universalité des biens qui appartenaient à l'ascendant lors du partage, sauf les propres dans les coutumes qui exigeaient le consentement des descendants pour le partage de ces sortes de biens. On avait pensé que le but principal du partage d'ascendant, qui était d'assurer le repos de la famille, ne serait pas atteint, s'il restait encore avec quelques biens indivis des germes de discorde entre les frères.

Les coutumes imposaient aussi à l'ascendant la nécessité de comprendre dans le partage tous les héritiers présomptifs à peine de nullité. Par cette innovation importante, notre droit coutumier abandonnait, en partie du moins, la théorie romaine qui ne voyait dans le partage d'ascendant qu'un ensemble de legs particuliers, et tendait à donner à l'acte de l'ascendant le caractère d'un véritable partage, de sorte que la théorie de notre ancien droit flottait entre les principes des dispositions à titre gratuit, et ceux du partage.

Quelques coutumes s'étaient aussi rapprochées davantage du caractère juridique du partage en ce qui concerne l'égalité des lots. Mais ce n'était que par une conséquence des principes admis dans ces coutumes sur l'égalité qui devait régner entre descendants.

Dans les coutumes, dites de préciput, qui admettaient l'inégalité entre enfants, il suffisait, il est vrai, comme en droit romain, que chaque enfant eût reçu au moins sa légitime; mais, dans les coutumes d'égalité, on avait été amené à dire que le partage était annulable dès qu'il y avait dans les lots la moindre inégalité, et qu'un des copartagés éprouvait ainsi une lésion. Et non-seulement on appliquait ce principe à la valeur estimative des lots, mais encore à la nature même des biens qui les composaient. C'est ainsi que « les deniers n'ayant pas la même stabilité que les fonds » (Boullenois), chaque copartagé avait le droit de réclamer sa quotité dans les immeubles, et de faire annuler le partage qui ne la lui donnait pas. Quant aux propres, il n'était pas nécessaire qu'ils fussent également répartis dans les lots, pourvu qu'il y eût compensation en acquêts; en effet, cette dernière sorte de biens, arrivant dans le patrimoine des enfants à titre de biens provenant d'une succession légitime, revêtait immédiatement le caractère de propres.

Toutefois cette rigueur de doctrine aurait rendu le partage d'ascendant complétement inapplicable dans les coutumes d'égalité. La jurisprudence le comprit bientôt, et elle s'efforça d'apporter aux principes quelques tempéraments. Ici, on distingua selon que l'inégalité provenait d'une erreur ou d'une volonté formelle de l'ascendant, et on n'annulait le partage que dans le dernier cas; là, le texte même de la coutume fixait une certaine limite à l'inégalité : ainsi la coutume de Bretagne permet une lésion d'un sixième; le plus souvent la jurisprudence reconnaissait au juge sur cette matière un certain pouvoir d'appréciation.

Dans les coutumes muettes, et surtout dans les coutumes d'égalité, il semble que de graves obstacles devaient s'opposer à l'admission du partage d'ascendant; en effet, ces partages violaient la règle générale qui interdisait de disposer des

propres à cause de mort, et presque nécessairement la règle de l'égalité absolue. Toutefois la
force de la tradition et de l'exemple, et aussi
l'utilité de l'institution triomphèrent de tous les
obstacles; et ces coutumes muettes s'appliquè-
rent les dispositions des coutumes qui offraient
avec elles le moins de différence.

Quelques coutumes, avons-nous dit, permettaient expressément le partage privilégié entre
collatéraux; il nous reste pour terminer l'étude
du partage d'ascendant dans notre ancien droit
coutumier, à rechercher ce qu'on pensait d'un
pareil partage dans les coutumes qui n'avaient
sur ce point aucune disposition.

Il résulte de l'opinion des meilleurs auteurs,
et entre autres de Lebrun, que dans les coutumes
muettes le partage, en tant qu'acte de disposition
exceptionnel et privilégié, ne fut jamais admis
en ligne collatérale; mais, si toutes les formalités
des dispositions entre vifs ou testamentaires
avaient été suivies, et, si d'ailleurs le fond même
du droit avait été respecté; il se pouvait qu'un
acte fait par un collatéral pût produire les mêmes
effets que l'acte fait par un ascendant.

En un mot, cet acte ne jouissait d'aucun privilége et ne valait qu'autant qu'il pouvait rentrer
dans le droit commun des dispositions entre vifs
ou testamentaires. C'était donc très-impropre-

ment qu'on lui donnait le nom de partage qui
semble supposer une institution toute spéciale.

§ II. — *Démission de biens*.

La démission de biens est d'origine nationale,
et paraît avoir pris naissance en Bretagne.

En général, les coutumes en parlaient fort
peu ; et la réglementation en était presque entièrement confiée à la doctrine.

On peut définir la démission de biens un
abandon actuel qu'une personne, devançant l'ouverture de sa succession, faisait de son vivant de
l'universalité de ses biens au profit de ses héritiers présomptifs, en proportion de leurs droits
héréditaires. Quelquefois, les auteurs la définis-
saient d'un mot, en disant que c'était une succession anticipée.

La démission de biens avait, au point de vue
juridique, une nature assez indécise.

Ce n'était pas une disposition testamentaire,
puisqu'elle avait un effet présent ; ce n'était pas
non plus une donation entre-vifs puisqu'elle
était révocable et soumise à la plupart des règles des successions. Par rapport au démettant,
c'était une espèce de donation à cause de mort ;
par rapport aux démissionnaires, c'était une succession anticipée ; par rapport aux tiers, c'était
un acte entre-vifs translatif de propriété.

Au premier abord, on pourrait s'étonner de voir le droit coutumier admettre ici la donation à cause de mort qu'il prohibe d'ordinaire ; mais cette exception s'explique parfaitement quand on remarque que cette espèce de donation à cause de mort, loin de pouvoir nuire à la famille, n'avait d'autre résultat que de lui permettre d'entrer plus tôt en possession de ses droits futurs.

La démission de biens n'étant, comme nous l'avons dit, qu'une succession anticipée, était régie par les principes des successions. Ainsi, on appliquait ces principes pour la capacité de transmettre et de recevoir ; ainsi, la démission pouvait être faite par toute personne ayant des héritiers légitimes, et non plus seulement par un ascendant ; elle devait comprendre tous les héritiers présomptifs, et ces héritiers avaient le droit de la refuser. Ainsi encore, la démission devait comprendre l'universalité des biens du démettant, qui ne pouvait se réserver que des objets particuliers.

Les démissionnaires n'étaient pas, il est vrai, saisis de plein droit par la démission ; mais une fois qu'ils l'avaient acceptée, les biens qu'ils recevaient entraient dans leur patrimoine avec la qualité de propres.

Le démettant pouvait faire l'abandon de ses biens indivis ; mais, s'il voulait les partager, il

retombait encore sous la loi des successions. En
effet, on remarquait avec raison que, dans leurs
rapports respectifs, les démissionnaires ne recevaient les biens qu'en qualité d'héritiers futurs.
Aussi, on appliquait, tant pour la ligne directe,
que pour la ligne collatérale, les principes d'é-
galité, plus ou moins sévères selon les coutumes,
que nous avons déjà exposés en parlant du partage d'ascendant ; les copartagés se devaient réciproquement le rapport et la garantie. Telles
étaient les principales conséquences qui résul-
taient de ce principe, que la démission de biens
était une succession anticipée.

Toutefois, il faut bien se garder d'appliquer ce
principe d'une manière trop absolue ; il doit être
tempéré par cet autre : que les démissionnaires
n'étaient pas réputés héritiers tant que vivait le
démettant, et ne recevaient définitivement cette
qualité qu'à sa mort.

Dès lors, l'enfant survenu au démettant après
la démission était fondé à demander au décès de
son père un nouveau partage des biens abandonnés ; et, par contre, les biens donnés à un héritier prédécédé sans laisser d'enfants qui le représentent, revenaient par accroissement aux autres
démissionnaires. En effet, la qualité d'héritier,
qui seule pouvait lui donner le droit de garder
les biens reçus, ne pouvait plus se réaliser en la
personne du démissionnaire prédécédé.

Dès lors aussi les démissionnaires se trouvaient mis en demeure, par le décès même du démettant, de prendre parti sur sa succession.

S'ils l'acceptaient purement et simplement, ils étaient tenus même *ultra vires* de toutes les dettes du démettant, tant postérieures qu'antérieures à l'abandon. Déjà, par le seul fait qu'ils avaient accepté la démission, les démissionnaires étaient tenus des dettes présentes de l'ascendant, jusqu'à concurrence des biens reçus, si toutefois ils pouvaient en déterminer la valeur par un inventaire; on supposait qu'en acceptant la démission qui comprenait l'universalité des biens du démettant, les démissionnaires avaient tacitement consenti à payer toutes ses dettes présentes, parce que l'universalité de l'actif ne s'entend que déduction faite du passif : *bona non intelliguntur nisi deducto ære alieno*. Par l'acceptation pure et simple de la succession, ils enlevaient cette limite posée à leur obligation vis-à-vis des dettes antérieures, et étendaient leur engagement indéfini même aux dettes postérieures à l'abandon.

S'ils acceptaient la succession sous bénéfice d'inventaire, leur obligation aux dettes était limitée, il est vrai, à l'émolument retiré, mais s'étendait comme dans le cas précédent aux dettes même postérieures à la démission.

Enfin, s'ils répudiaient la succession, ils abdiquaient leur qualité d'héritier, et dès lors ils per-

daient tout droit aux biens que la démission ne
leur avait abandonnés que parce qu'ils étaient
héritiers présomptifs. Cette solution, adoptée par
Pothier, est la seule solution juridique; et Boullenois, qui la repousse, ne donne, en faveur de
son opinion, aucune raison solide.

Du principe que les démissionnaires ne sont
réellement réputés héritiers qu'après la mort du
démetteur, découlent encore plusieurs conséquences : ainsi les questions de légalité de la démission ne se jugeaient qu'au décès du démettant.
Telles étaient les questions de savoir si chaque copartagé avait bien reçu sa part héréditaire; si le
partage ne contenait pas une lésion qui dût entraîner la rescision; s'il accordait bien à chaque
héritier toute sa légitime; si, enfin, il procurait
à chacun sa part en nature dans les différentes
espèces de biens.

Quelques auteurs poussaient même l'application de ce principe jusqu'à mettre les pertes sur-
venues par cas fortuits jusqu'au décès du démettant, à la charge de tous les cohéritiers. Toutefois cette conséquence était vivement contestée.

Enfin, ce n'était qu'à la mort du démettant
que la démission devenait irrévocable. En effet,
on avait pensé que la crainte de la révocation devait toujours planer sur les démissionnaires pour
suppléer au besoin leur reconnaissance. On jus-
tifiait en droit cette révocabilité en disant que la

démission était, de la part du démettant, un acte de dernière volonté, car cet acte n'était que la disposition de sa succession future. On argumentait aussi des principes de la donation à cause de mort.

Il y avait exception à la révocabilité de la démission en faveur de l'enfant, lorsqu'elle avait été faite dans son contrat de mariage.

Lebrun avait prétendu que le démettant devait, pour pouvoir révoquer, obtenir des lettres de la chancellerie; mais cette exigence ne devait s'appliquer qu'aux actes qui, de leur nature, étaient irrévocables.

La survenance d'un enfant à celui qui n'en avait pas lors de la démission, la révoquait de plein droit, puisqu'elle aurait même révoqué une donation entre vifs ordinaire.

Enfin, il est deux points sur lesquels les auteurs arrivaient à des opinions tout opposées, selon qu'ils s'attachaient plus fortement au principe que la démission de biens est une succession anticipée, ou qu'ils faisaient prédominer cet autre principe, que les démissionnaires n'ont définitivement la qualité d'héritiers qu'au décès du démettant. Ces deux questions sont celles de savoir si la démission fournit un juste titre pour prescrire, et si le droit de mutation n'est dû qu'au moment du décès du démettant. Les premiers interprètes répondaient négativement, tandis que les

seconds donnaient aux deux questions une solution affirmative.

Telles étaient les principales règles qui, d'a-
près la plupart des coutumes régissaient la démission de biens. On a pu remarquer qu'en
somme, la propriété qui résultait d'une démission n'était qu'une propriété résoluble, ou plutôt
qu'une détention précaire, le fond du droit appartenant toujours au démettant qui, à sa mort,
le transmettait à ses héritiers définitifs.

Quant aux conditions de forme, elles étaient
fort simples. Le seul consentement des parties était
nécessaire sans l'intervention d'aucune forme solennelle.

Conformément au droit commun, la démission
ne pouvait avoir d'effet à l'égard des tiers, que
du jour où elle avait acquis date certaine. Mais
généralement, on la dispensait de la formalité de
l'insinuation.

En Bretagne, on pouvait donner à la démission de biens une publicité solennelle qui modi-
fiait profondément ses effets. Cette publicité consistait à *bannir* la démission par trois dimanches
consécutifs, à l'issue de la grand'messe ainsi
qu'au marché, puis à la *certifier* devant le juge
et à l'*enregistrer* au greffe. Cette publicité la ren-
dait irrévocable; elle ôtait au démettant le pouvoir, soit d'aliéner, soit de grever d'hypothèques
les immeubles qui y étaient compris; enfin elle

enlevait aux simples créanciers chirographaires du démettant le droit de se faire payer sur ces biens, le jour où le rapport les réintégrerait dans le patrimoine héréditaire.

Dans ce cas, les jurisconsultes bretons voyaient dans la démission de biens une espèce d'interdiction partielle.

Les pays de droit écrit ne connaissaient pas la véritable démission de biens telle que nous venons de l'exposer. Mais, dans ces pays, on pouvait arriver à des résultats analogues au moyen de donations entre-vifs, qui restaient soumises aux formalités ordinaires.

CHAPITRE IV.

DROIT INTERMÉDIAIRE.

Empreinte de l'esprit d'une démocratie ardente, la loi du 17 nivôse an II établit l'égalité parfaite dans les successions, et défendit tout avantage direct ou indirect au profit des héritiers présomptifs.

Des auteurs ont pensé que cette loi si jalouse de l'égalité ne pouvait permettre la coexistence du partage d'ascendant. On ne saurait en effet concevoir l'ascendant réduit au simple rôle d'un expert chargé de composer des lots; une pareille restriction change complétement le caractère de cette magistrature domestique, qui ne peut exister qu'autant qu'on lui reconnaît une certaine indépendance. Le partage d'ascendant qui doit, par la force même des choses, pouvoir introduire quelque inégalité entre les copartagés, a donc été repoussé de nos lois par le niveau inflexible qu'y a passé un moment le législateur de l'an II.

Toutefois, la jurisprudence, avec raison, selon nous, a repoussé cette interprétation rigoureuse de la loi de nivôse (Cass., req., 11 déc. 1814, et *Id.*, 11 juin 1835). Dans notre ancien droit, nous avons vu que les coutumes d'égalité elles-mêmes avaient pu se concilier avec le partage d'ascendant; pourquoi la loi du 17 nivôse an II, qui, après tout, n'était que la reproduction de ces coutumes, serait-elle incompatible avec lui? Une égalité absolue est impossible à atteindre; mieux que personne l'ascendant peut en approcher, s'il en a la volonté sincère. S'il veut établir l'inégalité, et se sert, pour l'obtenir, du pouvoir que la loi lui a confié dans une fin toute contraire, le juge, souverain appréciateur des faits et de l'intention, pourra toujours, au moyen de la nullité du partage, assurer le triomphe de l'égalité et de la loi. Donc, la simple crainte que le partage d'ascendant pût servir à dissimuler une atteinte indirecte à l'égalité ne devait pas le faire prohiber sous la loi de nivôse.

La loi du 5 germinal an VIII abrogea celle de

l'an II. Elle permit d'avantager certains héritiers en disposant à leur profit avec dispense de rapport. Elle ne s'expliquait pas plus que la loi antérieure sur les partages d'ascendant ; mais le doute sur leur possibilité était tombé avec le système d'égalité absolue, et tout le monde admit que, sous la loi de germinal, les ascendants pouvaient faire entre leurs descendants le partage de leurs biens.

Nous arrivons enfin à notre législation actuelle, au Code Napoléon, qui sera désormais l'objet exclusif de notre étude.

DEUXIÈME PARTIE.

CHAPITRE PRÉLIMINAIRE.

DROIT ACTUEL.

Textes du Code.

Les courtes dispositions de notre Code sur le partage d'ascendant sont ainsi conçues :

Art. 1075. Les père et mère et autres ascendants pourront faire entre leurs enfants et descendants la distribution et le partage de leurs biens.

Art. 1076. Ces partages pourront être faits par

actes entre-vifs ou testamentaires, avec les formalités, conditions et règles prescrites pour les
donations entre-vifs et testaments. Les partages
faits par actes entre-vifs ne pourront avoir pour
objet que les biens présents.

Art. 1077. Si tous les biens que l'ascendant
laissera au jour de son décès n'ont pas été compris dans le partage, ceux de ces biens qui n'y
auront pas été compris seront partagés conformément à la loi.

Art. 1078. Si le partage n'est pas fait entre
tous les enfants qui existeront à l'époque du décès et les descendants de ceux prédécédés, le partage sera nul pour le tout. Il en pourra être pro-
voqué un nouveau dans la forme légale, soit par
les enfants ou descendants qui n'y auront reçu
aucune part, soit même par ceux entre qui le partage aurait été fait.

Art. 1079. Le partage fait par l'ascendant
pourra être attaqué pour cause de lésion de plus
du quart. Il pourra l'être aussi dans le cas où il
résulterait du partage et des dispositions faites
par préciput, que l'un des copartagés aurait un
avantage plus grand que la loi ne le permet.

Art. 1080. L'enfant qui, pour une des causes
exprimées en l'article précédent, attaquera le
partage fait par l'ascendant, devra faire l'avance
des frais de l'estimation, et il les supportera, en

définitive, ainsi que les dépens de la contestation, si la réclamation n'est pas fondée.

Pour procéder avec ordre et clarté dans l'exposé des principes qui régissent le partage d'ascendant, il semblerait rationnel de donner d'abord une idée générale de ses principaux caractères et de sa nature; mais dans cette matière difficile, les principes fondamentaux eux-mêmes sont l'objet de vives controverses. Nous pensons donc qu'il sera plus sage de ne pas suivre ici la méthode de la déduction, et d'adopter la méthode plus lente, mais aussi plus sûre, qui procède par l'analyse. Nous étudierons donc séparément chacune des questions particulières que soulèvent les articles précités, nous réservant de résumer dans un dernier chapitre les résultats que nous aurons obtenus en détail, et d'affirmer dans une synthèse, qui ne craindra plus d'être téméraire, les solutions que nous aurons dégagées et prouvées par l'analyse.

CHAPITRE PREMIER.

FORME DU PARTAGE D'ASCENDANT.

Nous avons vu qu'en droit romain et dans notre ancien droit, les priviléges du partage d'ascendant portaient surtout sur sa forme. Il en est tout autrement du partage d'ascendant moderne.

Des interprètes ont critiqué cette décision de

la loi ; nous serions porté à nous associer à leurs critiques, si elles portaient sur les formalités souvent trop sévères que notre Code a imposées aux actes de disposition ; mais comme elles portent surtout sur l'assimilation que le législateur a faite entre le partage d'ascendants et les donations ou les testaments, nous ne saurions nous y adjoindre. En effet, comme nous le verrons plus tard, le partage d'ascendant produit certains effets aussi graves, et quelquefois même plus graves, que les testaments et les donations entre vifs. Il était donc juste que le législateur entourât la volonté des parties des mêmes garanties de forme.

La spécialité de notre sujet nous dispense d'entrer ici dans le détail de ces formes du partage ; nous ne ferons que les indiquer rapidement.

Si le partage est fait par acte entre vifs, l'acte doit être authentique, (art. 931), et le partage doit être expressément accepté (art. 932).

On peut concevoir le partage fait par des actes de donation distincts les uns des autres, mais alors il est nécessaire que chacun des donataires, en acceptant sa propre donation, ait eu connaissance de celles qui étaient faites aux autres, et y ait donné son adhésion ; en effet, l'acte ne peut prendre le caractère d'un partage qu'autant que chacun des copartagés a pu se rendre compte de l'opération, en comparant sa part avec celle des autres copartagés.

Le partage des meubles doit être accompagné d'un état estimatif (art. 948).

Le partage des immeubles devra être transcrit pour être opposable aux tiers (art. 939.)

Enfin, la règle : donner et retenir ne vaut, devra s'observer dans les quatre applications qu'en a faites notre Code. Le texte de l'art. 1076 rappelle même celle de ces dispositions, qui défend de comprendre des biens à venir dans la donation.

Des interprètes, ne pouvant se résigner à voir dans la seconde partie de l'art. 1076 un renvoi inutile à une disposition déjà visée par la première partie du texte, lui ont cherché un autre sens. Selon eux, le législateur, en écrivant la fin de l'art. 1076, avait pour but de repousser l'application de l'art. 943 2°, et de décider que le fait seul d'avoir compris des biens à venir dans le partage suffira pour l'annuler entièrement.

Nous reconnaissons que la nullité du partage tout entier résultera comme conséquence de la nullité de la donation des biens à venir, parce que cette nullité détruira les proportions que l'ascendant avait voulu établir entre les lots ; mais nous ne saurions, sous le prétexte d'épargner au législateur le reproche d'un renvoi inutile, admettre que dans notre article il a visé cette nullité indirecte du partage d'ascendant, alors qu'il a employé des termes qui, si on veut leur donner cette portée, seraient si vagues et si obscurs.

Quant au partage testamentaire, il peut être fait dans une des trois formes du testament; il sera par conséquent authentique, mystique ou olographe.

Il ne pourra contenir conjointement le partage des biens de plusieurs personnes en général, ni même en particulier celui de deux époux. L'exception admise dans ce dernier cas par l'article 77 de l'ordonnance de 1735 n'ayant pas été reproduite par le Code, ne peut plus avoir d'effet aujourd'hui.

CHAPITRE II.

CAPACITÉ DES PARTIES.

La capacité doit être considérée à deux points de vue distincts : 1° par rapport à ceux qui font le partage; 2° par rapport à ceux qui en profitent.

§ Ier. *Capacité de faire le partage.*

La loi n'a établi aucune disposition spéciale en ce qui concerne la capacité des personnes qui font un partage d'ascendant. L'art. 1076 se contente de nous renvoyer « *aux conditions et aux règles prescrites pour les donations entre-vifs et les testaments.* »

Dès lors l'ascendant, pour faire un partage

entre-vifs, doit être capable de disposer par donation; pour faire un partage testamentaire, il doit
être capable de disposer par testament.

Nous pourrions, à la rigueur, nous en tenir à
cette règle générale; nous allons cependant indiquer quelques-unes de ses applications.

La femme mariée ne peut faire un partage entre-vifs qu'avec l'autorisation de son mari ou de
justice (art. 217 et 219); elle n'a besoin d'aucune
autorisation pour faire un partage testamentaire (art. 226 et 905).

Le mineur ne peut faire un partage entre-vifs
(art. 903). Parvenu à l'âge de 16 ans, il peut faire
un partage testamentaire (art. 904). Dans ce cas
même, il peut distribuer la totalité de ses biens,
et n'est pas limité par l'art. 904. Cet article, en
effet, ne fait qu'augmenter la part indisponible
des biens du mineur; or, cette augmentation de
la quotité indisponible est entièrement indiffé-
rente au partage d'ascendant, puisque ce partage,
comme nous le verrons plus loin, peut porter
même sur la réserve.

L'interdit judiciaire ne peut faire un partage
entre-vifs ni même, selon l'opinion commune,
un partage testamentaire. Ses biens ne pourront
donc jamais être l'objet d'un partage d'ascendant, puisque le tuteur est incapable de faire ce
partage comme l'interdit lui-même. Toutefois, la
disposition de l'art. 511 C. Nap. rendra ce par-

tage possible au tuteur légitimement autorisé, lorsqu'il aura pour but de favoriser le mariage des enfants de l'interdit.

L'interdit légal ne peut faire un partage entre-vifs. On admet, en général, qu'il peut tester, et dès lors on devra admettre aussi qu'il pourra faire un partage testamentaire.

Le condamné à une peine afflictive perpétuelle, ne pouvant disposer de ses biens, ni par donation ni par testament, aucune espèce de partage ne lui sera possible; et le partage testamentaire qu'il aurait fait avant sa condamnation tombera avec le testament (loi du 31 mai 1854, art. 3).

Les partages faits par une personne placée dans un établissement d'aliénés ne sont pas nuls de droit, mais ils peuvent être attaqués pour cause de démence (loi du 30 juin 1838, art. 30).

L'individu pourvu d'un conseil judiciaire n'a pas besoin de l'assistance de son conseil pour faire un partage testamentaire. Il en a besoin pour faire un partage entre-vifs (art. 499 et 513).

Depuis la loi du 13 juillet 1819, l'étranger peut, comme le Français, faire un partage d'ascendant, puisqu'il lui est permis de disposer par donation entre-vifs et par testament.

§ II. *Capacité de recevoir.*

Les descendants, pour pouvoir être compris

dans un partage, doivent avoir la capacité de recevoir par donation, si le partage est entre-vifs,
et celle de recevoir par testament si le partage est
testamentaire. Pour être capable de recevoir entre-vifs, il faut être conçu au moment de la donation ; pour être capable de recevoir par testament, il faut être conçu au moment de la mort
du testateur (art. 906).

Le condamné à une peine afflictive perpétuelle
ne peut recevoir ni par donation ni par testament
(loi du 31 mai 1854, art. 5). Il semble donc, au
premier abord, incapable de figurer dans un partage d'ascendant. Toutefois ce condamné reste
capable de recevoir par succession, et nous verrons plus tard que, sous bien des rapports, le
partage d'ascendant peut être considéré comme
une succession anticipée. Nous permettrons donc
qu'il soit compris dans un partage, d'autant plus
que la solution contraire arriverait à refuser à
l'ascendant le droit de faire un partage valable :
seulement, si le partage est entre vifs, le condamné ne pourra jouir de la part à lui attribuée,
qu'à partir du jour où la qualité d'héritier se
substituera à celle du donataire, c'est-à-dire à
partir du jour du décès de l'ascendant.

Si la personne capable de recevoir dans le partage d'ascendant a l'exercice de ses droits, elle
devra accepter le partage par elle-même, ou par
un mandataire qui tiendra d'elle ses pouvoirs ;

si cette personne n'a pas seule l'exercice de ses droits, elle devra être autorisée par celui qui doit compléter sa capacité; si elle n'a pas l'exercice de ses droits, l'acceptation devra être faite en son nom par un mandataire judiciaire ou légal, selon les principes ordinaires de la représentation des incapables. Nous allons rapidement examiner quelques applications de ces principes.

La femme mariée ne peut accepter un partage qu'avec l'autorisation de son mari ou de justice (art. 217 et 934).

Le mineur émancipé devra, pour accepter le partage, être assisté de son curateur (art. 935 2°).

Le tuteur, dûment autorisé par le conseil de famille, acceptera au nom des mineurs non émancipés, ou des interdits judiciaires ou légaux (art. 935).

La plupart des auteurs admettent que, si plusieurs mineurs ayant le même tuteur sont apportionnés par le partage, il ne sera pas nécessaire de nommer à chacun d'eux pour l'acceptation un tuteur spécial et particulier.

Cette exigence rigoureuse, édictée seulement pour le cas d'un partage ordinaire (art. 838), ne doit pas être étendue à un acte qui tient au moins autant de la donation que du partage.

Par un privilége tout spécial, la loi a permis à un ascendant quelconque d'accepter la donation faite à son descendant (art. 935 3°). Un ascendant pourra donc accepter le partage fait par un autre ascendant en faveur de ses descendants mineurs ; mais il est évident qu'il ne pourra accepter pour eux le partage qu'il aurait fait lui-même.

L'individu pourvu d'un conseil judiciaire reste capable d'accepter pour lui-même et sans l'assistance de son conseil. L'énumération des actes qu'il ne peut faire seul est, en effet, limitative (art. 499 et 513).

Si un absent a été compris dans un partage, un curateur *ad hoc* acceptera pour lui , dans le cas où l'absence n'a pas encore été déclarée; dans le cas contraire, les envoyés en possession provisoire, ou le conjoint administrateur légal, auront qualité pour le représenter.

L'administrateur provisoire pourra, sans aucun doute, accepter pour le descendant placé dans un établissement d'aliénés. (Loi du 30 juin 1838 , art. 36.)

CHAPITRE III.

DES BIENS QUI PEUVENT ÊTRE COMPRIS DANS UN PARTAGE D'ASCENDANT.

Notre Code, abandonnant les principes du droit coutumier pour revenir à ceux du droit romain, n'impose pas à l'ascendant l'obligation de comprendre dans son partage la totalité des

biens qui composent son patrimoine au moment
de l'acte. En effet, aucune disposition spéciale
ne limite ici la liberté naturelle du propriétaire,
et la disposition absolue de l'art. 1077 qui, prévoyant le cas où les biens que l'ascendant laisse
à son décès n'auraient pas tous été compris dans
le partage, décide que ces biens seront partagés
conformément à la loi, ne permet aucune distinction, et par suite autorise tacitement un partage partiel. On ne saurait que louer le législateur de cette innovation. Il est possible, en effet,
que l'ascendant veuille diviser lui-même certains
de ses biens dont la nature menace de susciter la
discorde entre ses enfants, et cependant ne pas
entreprendre la liquidation et le partage de tout
son patrimoine. Chaque jour des partages par-
tiels ont lieu entre communistes, et ce fréquent
usage en démontre l'utilité.

Nous avons déjà vu que le partage entre-vifs
ne peut comprendre des biens à venir.

Il en est autrement du partage testamentaire.
En effet, les dispositions testamentaires ne pro-
duisant leurs résultats qu'au décès, c'est à cette
époque, et à cette époque seulement, que l'on
doit se placer pour en apprécier la validité.

Les biens dotaux inaliénables ne peuvent entrer dans un partage entre-vifs; mais ils peuvent
être compris dans un partage testamentaire
(art. 1554 et suiv).

On admet généralement que l'ascendant n'a pas le droit de faire un partage testamentaire, lorsqu'il a donné à un autre qu'à ses descendants une quote-part de ses biens par une institution contractuelle. En effet, l'institué contractuel devrait être compris dans le partage ; et cette nécessité même entraîne comme conséquence l'impossibilité de ce partage. L'institué compris au partage aurait un droit divis au lieu d'un droit indivis ; un droit qui porterait sur certains objets déterminés, et cesserait de porter sur tous les objets de la succession : or, c'est contraire à ce qu'il avait stipulé ; il a stipulé, en effet, une réserve conventionnelle, et il est de principe que la réserve doit arriver au réservataire, non seulement complète, mais encore entièrement libre et telle que la loi l'attribue.

Toutefois on présente contre cette solution une objection fort grave. La réserve, dit-on, bien que mise par le législateur à l'abri des dispositions à titre gratuit, entre cependant dans le partage d'ascendant. Or, l'institué contractuel n'est, en somme, qu'un héritier réservataire imposé, non plus par la loi, mais par la convention. Il ne peut donc avoir plus de droit que le réservataire ordinaire, et, par conséquent, les biens qui lui sont réservés pourront être compris dans le partage d'ascendant fait par acte testamentaire.

Toute grave qu'elle est, cette objection ne

saurait renverser la solution que nous avons admise. Il est de principe en effet qu'on ne peut indirectement se soustraire aux obligations qu'on a prises. L'institué avait stipulé une part indivise de la succession; on ne peut donc sans texte y substituer des objets divis et déterminés. Or, la loi n'ayant nulle part formellement assimilé l'institué contractuel à l'héritier réservataire, l'exception expresse que les principes spéciaux de notre matière font subir à l'inviolabilité absolue de la réserve, ne doit pas s'étendre à l'institution contractuelle. On doit d'autant plus donner cette solution que l'institué contractuel, qui ne serait pas l'enfant du partageant, aurait tout à craindre d'une distribution faite par celui que les sentiments les plus vifs de la nature porterait à favoriser ses descendants aux dépens d'un étranger.

Du reste, le partage entre-vifs pourra s'appliquer dans ces circonstances; en effet, l'institué sera nécessairement appelé à donner son consentement au partage, ce qui le rendra non recevable à réclamer contre lui.

Il est à peine besoin de dire que si, au moment du partage, un tiers se trouvait avoir un droit de copropriété avec l'ascendant, le partage fait entre les descendants ne pourrait comprendre la portion appartenant à ce tiers. L'ascendant devrait donc, s'il voulait laisser à ses descendants des droits liquidés et distincts, non-seulement entre eux, mais encore vis-à-vis du tiers copropriétaire, procéder à un partage préalable avec le tiers ou le faire intervenir dans celui qu'il fera entre ses descendants.

L'ascendant peut comprendre dans son partage les objets qu'il a précédemment donnés à ses descendants en avancement d'hoirie.

Cette solution est incontestable quand il s'agit d'un partage entre-vifs, parce qu'alors le consentement des descendants est nécessaire. Mais on l'a contestée pour le partage par testament.

Comprendre dans le partage des choses qu'on a données entre-vifs, a-t-on dit, c'est en disposer pour l'époque qui suivra sa mort; c'est donc les reprendre et violer ainsi le principe de l'irrévocabilité des donations.

Ce raisonnement repose sur une erreur. Il suppose que le partage testamentaire aurait pour effet d'anéantir le bénéfice d'une action antérieure. Or, il n'en est rien; ce partage ne révoque pas les donations, il ne fait que régler d'avance et éventuellement les conséquences du rapport auquel la loi elle-même soumet ces donations. Ce fait est si vrai que le descendant donataire pourrait toujours se soustraire au rapport, et par conséquent au partage, en renonçant à la succession. Aussi l'ascendant qui attribuerait à d'autres qu'aux donataires primitifs les biens donnés en avancement d'hoirie exposerait son partage à une nullité certaine, dans le cas où un donataire viendrait à renoncer à la succession et, par suite, à échapper au rapport (req., 9 juillet 1840).

Un père et une mère peuvent confondre leurs biens dans une seule et même masse qu'ils partageront ensuite entre leurs enfants; ils font alors ce qu'on appelle un partage conjonctif. Ce partage s'emploie surtout pour les biens de la communauté qui forment précisément déjà entre les deux époux une seule masse indivise.

Le partage conjonctif ne peut se faire par testament, puisque notre Code, ainsi que nous l'avons déjà vu, ne reproduit pas l'exception que l'ordonnance de 1735 avait admise en faveur des conjoints à la prohibition des testaments conjonctifs.

De graves auteurs regrettent ici l'ancien droit, et reprochent à notre Code de n'avoir laissé aux conjoints qui veulent partager leur communauté entre leurs enfants que la voie souvent dangereuse d'un partage entre-vifs. Nous ne pouvons nous associer à leurs regrets et à leurs reproches. Le partage conjonctif par testament offrirait d'immenses inconvénients : ou bien on devrait, comme dans l'ancien droit, interdire à un conjoint la faculté de révoquer sans le consentement de l'autre, ce qui serait dénaturer le testament; ou bien on devrait se résigner à voir le partage troublé dans son économie, tomber tout entier par la révocation de l'un des époux, qui pourrait ainsi à son gré anéantir les dispositions de son conjoint. En outre, les successions des deux époux ne s'ouvrant pas d'ordinaire en même temps, il eût été impossible qu'au décès de l'un le testament produisît effet relativement aux biens de l'autre. En effet, ce dernier eût conservé son droit à la propriété et à la jouissance de ces biens, puisqu'il n'en aurait disposé que pour le temps qui suivra son décès. Dès lors, le partage conjonctif n'aurait pu s'exécuter même relativement aux biens de l'époux prédécédé, car, le plus souvent ce partage n'est pas complet par lui-même et ne peut subsister isolément. Donc la restriction que notre Code pose aux partages conjonctifs, bien que fâcheuse sous certains rapports, se justifie par des considérations de la plus haute gravité.

Des conjoints ont essayé, dans la pratique, de se soustraire à cette restriction en opérant par anticipation le partage de leur communauté. Examinons quelle peut être la valeur juridique d'un pareil expédient.

D'abord il est certain que ce partage anticipé ne peut enlever au mari les pouvoirs que la loi lui donne sur la communauté, et que par conséquent il a toujours en main, avec le droit d'aliéner et d'hypothéquer, le moyen de détruire toute l'économie du partage. Il est certain aussi que la femme conserve toujours le droit de renoncer à la communauté lors de sa dissolution, et de détruire ainsi le partage qu'elle a fait de biens qui sont réputés ne lui avoir jamais appartenu.

Mais, supposons qu'aucun de ces deux droits destructifs du partage n'ait été exercé : même dans ce cas, le partage anticipé ne peut se soutenir. En effet, la communauté ne peut se partager avant sa dissolution; et, pour faire exception à ce principe, il ne faudrait pas seulement montrer un but utile qu'on désire atteindre, mais un texte formel qui écarte l'application de la règle générale. Donc chaque partie pourra, à la dissolution de la communauté, en demander un nouveau partage; et seul, le consentement de toutes les parties intéressées pourrait, par une ratification unanime, donner la vie au partage qui a été fait du vivant des deux époux.

C'est en ce sens que s'est fixée la jurisprudence de la Cour de cassation (13 novembre 1849 et 23 déc. 1861.)

Si le partage anticipé de la communauté est dûment ratifié, la propriété se trouve réalisée telle qu'elle a servi de base aux partages testamentaires. Dès lors celui de l'époux survivant, acquérant avant l'époque où il doit produire ses effets un objet certain et parfaitement déterminé, sera, s'il réunit d'ailleurs toutes les autres conditions nécessaires à sa validité, obligatoire et inattaquable lors du décès du testateur. Quant au partage de l'époux prédécédé, il n'est pas nécessairement validé par la ratification donnée au partage de la communauté. En effet, bien que la réciproque ne soit pas vraie, le partage de la communauté est entièrement distinct et indépendant du partage testamentaire que l'ascendant a enté sur lui ; les deux actes sont nuls ; on doit dès lors admettre qu'un descendant peut valablement ratifier le premier, et conserver le droit de faire annuler le second.

Mais si le partage conjonctif de la communauté ne peut avoir lieu par testament, rien n'empêche qu'il se fasse par acte entre vifs. Les époux ont ensemble un pouvoir absolu de disposition ; car si ce pouvoir est limité chez le mari agissant seul, c'est uniquement dans l'intérêt de sa femme, et leur concours à un acte donne à cet acte tous les résultats qu'il aurait eus s'il provenait du propriétaire le plus absolu ; ils peuvent donc disposer de leurs biens sans aucune restriction.

Toutefois les effets sont différents, selon que la femme accepte la communauté ou qu'elle la refuse.

Dans la première hypothèse, le droit de la femme sur la moitié de la communauté se confirme définitivement. Dès lors le partage a réellement porté sur des biens qui lui appartenaient, et il est en tout semblable à un partage conjonctif dans lequel deux époux auraient fait entrer leurs biens personnels.

Dans la seconde hypothèse, le droit de la femme s'efface, et, par suite, son partage tombe. Mais alors la moitié partagée de son chef accroît aux enfants, comme leur ayant été virtuellement donnée par le mari pour le cas où la femme renoncerait.

Il est juste de poser cette présomption, car, quand deux époux aliènent conjointement des biens de la communauté, l'intervention de la femme n'a pour but d'ordinaire que de donner au tiers une parfaite sécurité contre l'éviction qui pourrait peut-être se fonder plus tard sur les droits que cette femme a dans la communauté. La renonciation de la femme à la communauté ne saurait donc diminuer leurs droits.

Nous allons supposer maintenant que le partage de la communauté a été fait par un seul des époux.

Voyons d'abord le cas où c'est le mari qui a fait un tel partage. Si le mari s'est maintenu dans les limites qu'impose à son droit de disposition l'article 1422, son partage est parfaitement valable. Même quand il a dépassé cette limite, le partage reste valable dans deux cas : premièrement, quand son objet était l'établissement des enfants communs; secondement, quand la renonciation de la femme vient donner rétroactivement au mari une capacité qu'il n'aurait pas eue comme chef de la communauté. Mais si, lorsque le mari a dépassé la limite fixée par l'article 1422, sans que sa disposition ait eu pour but de fournir un établissement aux enfants communs, la femme vient à accepter, elle peut demander la nullité du partage, et faire rapporter à la masse de la communauté les biens qui en avaient été distraits.

Examinons maintenant ce qui arriverait si c'était la femme qui eût fait seule un partage des biens de la communauté. Le partage entre-vifs fait par la femme serait toujours nul; en effet, il comprend des biens dont elle n'avait pas la disposition, et de plus, la femme, conservant toujours le droit de détruire sa donation en renonçant à la communauté, ne peut conférer à son acte le caractère d'irrévocabilité essentiel à son existence.

Lorsque, après la mort de l'un des époux, la communauté est restée indivise entre le survivant et les enfants communs, l'époux survivant n'a pas le pouvoir de la partager en totalité par testament, parce qu'il n'est pas seul maître de cette communauté, et qu'il ne peut comprendre dans son partage que les biens dont il a le droit de disposer en qualité de propriétaire. Il pourra faire ce partage par acte entre-vifs à cause du consentement des enfants; mais alors tous ces enfants devront être capables, car il ne s'agit pas seulement pour eux d'accepter un partage que leur ascendant avait le pouvoir de faire, mais bien de procéder indirectement au partage de biens qui leur appartiennent en propre au moins pour partie.

CHAPITRE IV.

DES EFFETS DU PARTAGE D'ASCENDANT.

Le partage d'ascendant a des effets fort différents, selon qu'il est fait par testament ou par acte entre-vifs; nous devrons donc, pour lutter avec plus d'avantage contre les difficultés de la matière, traiter, dans deux sections distinctes, d'abord des effets du partage testamentaire, et ensuite de ceux du partage entre-vifs.

SECTION PREMIÈRE.

Effets du partage testamentaire.

Nous avons vu que le partage testamentaire se fait dans la forme ordinaire des testaments, et est soumis aux mêmes règles (art. 1076). Il en résulte que le partage fait dans cette forme n'est au fond qu'un acte de dernière volonté; et que, par suite, il est toujours et essentiellement révocable jusqu'à la mort de l'ascendant. Ce principe est fécond en importantes conséquences.

D'abord l'ascendant conserve, même après le partage, la pleine et entière disposition de ses biens; il peut les aliéner à titre onéreux et même à titre gratuit; il peut les améliorer ou les détériorer sans contrôle.

L'ascendant peut aussi révoquer ou modifier son partage; et cette faculté ne souffre plus aucune exception dans notre droit actuel. C'est un des avantages propres au partage testamentaire.

Nous appliquerons pour la révocation du partage les mêmes règles que pour la révocation des testaments ; toutefois ces règles se combineront avec les principes particuliers au partage, car les deux caractères de l'acte complexe, qui constitue le partage testamentaire, doivent se combiner et non se détruire.

D'abord la révocation des dispositions testamentaires peut être expresse ou tacite ; c'est là un principe général, fondé sur la raison et les théories générales de notre droit, qui devra évidemment s'appliquer au partage testamentaire.

Il en est de même de la règle qui permet à la révocation d'être totale ou partielle.

La révocation expresse résulte d'une déclaration faite par le testateur, dans un nouveau testament ou dans un acte notarié, qu'il a changé de volonté (art. 1035).

La révocation tacite résulte certainement d'un testament nouveau, qui, sans révoquer d'une manière expresse le précédent, contient néanmoins des dispositions incompatibles avec celles de ce testament, ou qui y sont contraires (art. 1036). C'est une question de savoir si elle résulte de l'aliénation totale ou partielle des choses comprises dans la disposition (art. 1038).

Nous ne saurions admettre ici l'application de l'art. 1038. Sa décision se conçoit quand il s'agit d'un legs, c'est-à-dire d'une disposition isolée, qui, dégagée de toute relation avec d'autres dispositions, doit trouver en elle-même, et en elle seule, ses causes de validité ou de caducité. D'ailleurs la loi est favorable, au retour, à l'ordre ordinaire des successions. Au contraire, lorsqu'il s'agit d'un partage d'ascendants, les différents lots sont en corrélation entre eux, et c'est précisément l'équilibre produit par cette corrélation qui constitue le partage. Or, d'une part, on ne peut supposer que l'ascendant a voulu, au moyen d'un simple acte d'aliénation, modifier les proportions qu'il avait établies ; et, d'autre part, on ne peut non plus, sous peine d'étendre les présomptions légales au-delà des limites posées par la loi, admettre qu'en disposant de quelques objets compris dans un lot, l'ascendant a entendu détruire son partage en entier.

La conséquence nécessaire de ces prémisses, c'est que nous devrons accorder à celui dont le lot sera diminué par une aliénation, un recours en garantie contre ses copartagés.

Nous donnerons la même solution dans le cas où un lot se trouverait diminué non plus par une aliénation consentie par l'ascendant, mais par une modification qu'il aurait fait subir à l'état matériel des biens. Toutefois cette règle doit subir deux exceptions : d'abord, quand le changement provient d'une réparation, parce qu'en droit une réparation conserve la chose sans la modifier ; ensuite, quand la modification apportée n'a que peu d'importance. Autrement, la règle admise par équité ramènerait entre les frères ces procès que le partage d'ascendant a précisément pour but d'éviter.

Les acquisitions nouvelles, fussent-elles contiguës aux biens qui constituent un lot, ne devront pas s'ajouter à ce lot (art. 1019 1°). Nous n'appliquerons même pas ici la présomption qui voit un surcroît de libéralité dans le fait du testateur qui embellit le bien légué, y fait des constructions nouvelles, ou en agrandit l'enceinte. Le principe d'égalité, qui est la base du partage se joint pour la repousser, à cette considération que le partage, contrairement au legs, n'est pas une disposition isolée.

Doit-on donner encore une action en garantie au descendant lésé lorsque la lésion viendra d'un changement dans la valeur des biens produit entre l'époque de la confection du testament et celle du décès, et indépendant de tout fait de l'ascendant? On a quelquefois soutenu l'affirmative en disant que l'ascendant, avait formé les lots en vue de l'état dans lequel se trouvaient ses biens à l'époque du partage.

Mais, nous ne saurions admettre cette opinion.

Il est de principe que les héritiers, aussi bien que les légataires, reçoivent les biens dans l'état où ils se trouvent au moment du décès; or, les co-partagés ne peuvent recueillir les biens qu'à titre d'héritier ou qu'à celui de légataire; ils les recueilleront donc tels qu'ils seront à la mort de l'ascendant. Cet ascendant, d'ailleurs, savait que son partage étant fait par testament, ne produirait effet qu'à sa mort; on ne peut donc lui supposer l'intention de prendre l'époque de la confection du testament pour fixer la valeur relative des biens. Enfin, le système contraire se mettrait en opposition formelle avec le but que poursuit le partage d'ascendant. Avant tout, le législateur a voulu prévenir, par cette magistrature domestique, les divisions et les procès entre frères; or, si l'on se reporte pour fixer la valeur respective des biens à l'époque du partage, on ouvre une source intarissable de procès ; et le partage effectué par l'ascendant, va soulever plus de difficultés que celui que l'ascendant a voulu éviter.

C'est déjà, avec regret, et comme contraints par la nécessité, que nous avons admis un recours en garantie pour les modifications que l'ascendant lui-même a volontairement apportées dans les biens. Dans ce cas, au moins, si l'ascendant redoute les difficultés que doivent faire naître ces modifications, il peut ou s'en abstenir, ou spécifier clairement les conséquences qu'il entend leur faire produire; mais ici, que le changement est indépendant de sa volonté, et que souvent même il peut échapper à sa connaissance, nous ne saurions à son insu, et malgré lui peut-être, admettre des recours si dangereux pour le repos de la famille.

Toutefois, en cas de perte totale d'un bien, soit par destruction, soit par rescision, révocation ou résolution du droit que l'ascendant avait sur ce bien, soit par éviction, soit enfin par expropriation pour cause d'utilité publique, nous accorderons une action en garantie au copartagé victime de cette perte. Alors, en effet, l'inégalité qu'entraînerait l'opinion contraire dépasserait certainement l'intention de l'ascendant ; et, d'ailleurs, la perte subie sera évidente et beaucoup plus facile à apprécier.

Jusqu'ici, nous n'avons envisagé le partage testamentaire que comme un acte de dernière volonté, et nous avons déduit les conséquences de ce premier caractère que nous lui avons reconnu. Mais ce n'est pas le seul point de vue sous lequel le partage testamentaire doit être considéré. Sans doute, il constitue un acte de dernière volonté ; mais c'est un acte de dernière volonté qui laisse subsister la vocation légitime des descendants, et qui, respectant leur qualité d'héritiers, n'y substitue pas la qualité de légataires.

Ce principe fondamental dans notre matière est fort simple à démontrer : il suffit de remarquer que, tout en prenant la forme d'un testament, l'ascendant n'a voulu que partager sa succession légitime ; dès lors, cette succession subsiste telle que la loi l'a établie, le partage seul vient du père qui a voulu prévenir l'office du juge : nous devons donc, pour respecter la volonté de l'ascendant, ne donner à son acte que la portée d'un acte de simple distribution, destiné à suppléer le partage amiable ou judiciaire.

On a fait à ce principe deux objections spécieuses : d'abord, a-t-on dit, le partage d'ascendant peut introduire quelques inégalités indirectes ; c'est donc un acte d'attribution. Il suffit de répondre que le partage ordinaire peut aussi, parfois, comporter quelques inégalités dans les lots sans que, cependant, le cohéritier favorisé soit considéré comme donataire. Ces inégalités, nécessairement limitées, sont la suite de l'imperfection des calculs et des appréciations de l'homme.

On a dit encore, qu'au fond, le partage testamentaire était un acte attributif, puisqu'il substituait à un droit indivis sur l'ensemble de la succession un droit exclusif sur certains objets particuliers, et attribuait ainsi à chaque cohéritier les portions qui auraient appartenu, d'après l'effet de la loi, à ces cohéritiers. Cette analyse est vraie au fond ; mais elle est incapable de démontrer que la vocation des descendants devient testamentaire. C'est qu'en effet tout partage, et en particulier le partage de succession, est considéré en droit, non comme attributif, mais comme simplement déclaratif.

Dès lors, chaque copartagé est considéré comme ayant acquis, à titre d'héritier et en vertu de la loi, la totalité des objets qu'il obtient par le partage ; c'est-à-dire, non seulement la portion correspondante à ses propres droits héréditaires, mais encore la portion correspondante aux droits héréditaires de ses cohéritiers. Or, il en doit être de même du partage testamentaire qui n'est, comme nous l'avons vu, que le partage de la succession légitime ; et nous sommes dès lors fondé à dire, que notre partage testamentaire n'est qu'un acte de distribution qui laisse subsister la vocation légitime.

Nous allons maintenant exposer brièvement les nombreuses conséquences qui découlent de ce principe.

1° D'abord, tous les héritiers devront être compris dans le partage sous peine de nullité (art. 1078). Au contraire, si les copartagés n'étaient appelés que comme légataires, l'héritier omis n'aurait qu'une action en réduction tendant à se faire attribuer sa réserve.

2° Les descendants auront la saisine des biens particuliers placés dans leur lot.

3° Ils pourront accepter purement et simplement, ou sous bénéfice d'inventaire ; ils pourront aussi renoncer ; mais leur acceptation ou leur renonciation portera nécessairement à la fois sur la succession et le partage, sans qu'ils puissent les séparer. En effet, la succession arrive toute partagée aux descendants, et ils ne peuvent l'accepter que telle qu'elle se comporte; d'ailleurs, s'il en était autrement, les descendants auraient un moyen facile de rendre illusoire le pouvoir que le législateur a conféré à l'ascendant pour le partage de ses biens.

4° La capacité nécessaire chez les descendants sera celle qui est requise, non pas pour recevoir un legs, mais pour être héritier. C'est ainsi que nous avons admis plus haut que le condamné à une peine afflictive perpétuelle pourra cependant être compris dans un partage testamentaire. Ainsi encore, un descendant ne pourra être exclu du partage pour ingratitude, mais seulement pour indignité.

5° On n'appliquera pas aux copartagés la nullité pour inexécution des conditions ; en effet, cette inexécution ne peut leur enlever la qualité d'héritier.

6° En revanche, les autres copartagés auront contre celui que le partage constitue débiteur, non-seulement une action personnelle, mais encore une action privilégiée (art. 2103). Puisque c'est au moment du décès que le partage produit son effet, ce sera à partir de cette époque que courra le délai de soixante jours accordé par la loi pour inscrire le privilége (art. 2109). (Voir en ce sens Cassation, 7 août 1860.)

7° Les copartagés se devront garantie comme dans le partage ordinaire (art. 884 et s.).

8° Ils pourront demander la nullité du partage pour lésion de plus du quart (art. 887 et 1079), ainsi que nous le verrons plus loin.

9° Ils continueront la possession de leur auteur en ce qui concerne la prescription acquisitive.

10° En supposant que l'ascendant n'ait laissé que des immeubles, la soulte qui serait attribuée à l'un des copartagés devrait être considérée comme un bien immobilier dans les rapports de ce copartagé avec son conjoint.

11° Les copartagés ne pouvant avoir droit au partage sans prendre la qualité d'héritier, sont tenus des dettes même *ultra vires*, à moins d'acceptation bénéficiaire.

12° Enfin les descendants qui viennent par représentation de leur père prédécédé, sont censés avoir été apportionnés dans la personne de leur père. En effet, ce n'est pas ici le cas d'appliquer l'art. 1039 qui, en cas de prédécès de la personne appelée, prononce la caducité de la disposition. D'ordinaire le testateur fait des libéralités essentiellement personnelles; mais ici, comme son but principal est de partager sa succession, on doit lui supposer l'intention de substituer tacitement au descendant prédécédé ceux que la loi elle-même appelle au partage par le secours de la représentation. Toutefois comme à côté d'une jurisprudence conforme (Riom, 25 novembre 1828; Limoges, 29 février 1832), quelques arrêts ont refusé d'admettre cette solution qui nous paraît évidente (Bordeaux, 2 mars 1832, et Agen, 23 mars 1847), l'ascendant agira sagement en introduisant dans son partage une substitution vulgaire expresse, pour le cas où le prédécès d'un copartagé pourrait faire naître la question.

Tels sont les principaux effets du partage testamentaire que nous n'avons pu qu'indiquer dans ce rapide exposé de principes ; examinons maintenant les effets du partage fait par acte entre vifs.

SECTION II.

Effets du partage entre vifs.

Le partage fait par acte entre vifs, contrairement au partage testamentaire, produit des effets immédiats du vivant même de l'ascendant. Nous aurons donc ici deux classes distinctes d'effets différents que nous devrons examiner à part.

PREMIÈRE PÉRIODE.

Effets du partage entre vifs du vivant de l'ascendant.

Les héritiers présomptifs d'une personne vivante n'ont, en cette qualité, aucun droit actuel à ses biens ; ils n'ont qu'une espérance, et cette *espérance* s'oppose précisément à ce qu'on appelle dans le langage juridique un *droit acquis*. Il résulte de là que si, de son vivant, un ascendant se dépouille actuellement de ses biens en faveur de ses héritiers présomptifs, il fait un acte éminemment volontaire et gratuit, qui ne peut être qu'une donation. Notre législateur a lui-même reconnu ce principe quand il a soumis cet acte, et pour la forme et pour le fond « *aux for-*

malités, conditions et règles prescrites pour les donations entre-vifs » (art. 1076.

Toutefois cette manière d'envisager le partage entre-vifs a souvent été rejetée par la jurisprudence et la doctrine.

Un système diamétralement opposé à celui que nous venons d'établir considère l'acte comme un partage de succession dès le moment de sa confection, et lui fait produire immédiatement les mêmes effets qu'il produirait si l'ascendant était décédé et si sa succession était ouverte. Il repose entièrement sur cette idée que l'acte est un partage entre des héritiers présomptifs, et que, par suite, il suppose la vocation légale qui résulte de la succession,

Nous verrons plus loin les conséquences qui découlent de ce système et nous les repousserons en détail; mais pour le moment nous devons renverser la base même de cette théorie. Il suffirait, pour y réussir, d'établir de nouveau le système que nous avons posé tout d'abord ; en effet, il sort avec toute la simplicité et la netteté de l'évidence des principes généraux comme des textes spéciaux de notre Code, et il est absolument incompatible avec le système que nous venons d'indiquer. Mais les principes et les textes du Code nous offrent de nombreux moyens de fournir une réfutation directe.

D'abord, il est possible que les enfants apportionnés dans le partage entre vifs n'arrivent jamais à la succession, et cependant on admet la validité de l'attribution qui leur a été faite par l'ascendant. A l'inverse, il est possible que le partage entre vifs ne comprenne pas tous ceux qui auront droit à la succession, et cependant, ainsi que nous le verrons plus tard dans l'article 1078, l'enfant omis ne peut attaquer le partage avant la mort de l'ascendant. Donc la succession ne peut être considérée comme ouverte dès le moment du partage, puisque ce n'est pas cette époque qui détermine la capacité des héritiers.

Ainsi, tant que vit l'ascendant, c'est bien à titre de donation que les descendants tiennent les biens qu'il leur a distribués par un partage entre vifs.

Mais ces donations qu'ils ont reçues doivent-elles être considérées comme des donations individuelles qui, pour le moment du moins, n'ont entre elles aucune corrélation ?

Ne sont-elles que de simples avancements d'hoirie qui, jusqu'à l'ouverture de la succession, restent complétement indépendants les uns des autres, et ne seront mis en relation entre eux que lorsque le titre nouveau de cohéritier viendra donner aux différents donataires des droits à l'égalité ?

Au contraire, ces donations sont-elles reliées

entre elles, dès le moment du partage, par un lien de corrélation; et doit-on les considérer comme les différentes parties d'une masse commune, que le donateur a voulu distribuer par lui-même, au lieu de l'abandonner indivise aux mains des donataires?

C'est là une grave et délicate question, qui vient encore diviser en deux camps les interprètes du Code qui reconnaissent que le partage entre vifs est une dotation véritable, et non une succession anticipée.

Pour nous, nous n'hésitons pas à voir dans le partage entre vifs le partage d'une masse commune, et non simplement des avancements d'hoirie individuels.

En somme, cette controverse roule tout entière sur une interprétation de volonté. Quelle était l'intention de l'ascendant quand il a fait un partage entre vifs? Quelle était celle des descendants en l'acceptant? Telles sont les questions qui se posent nécessairement à nous en tête de cette controverse, et auxquelles chacun des systèmes proposés répond sciemment ou à son insu par la solution qu'il donne.

Le système que nous rejetons répond que l'ascendant a voulu *faire au profit de ses descendants une donation entre vifs, contenant le partage anticipé de sa succession; c'est-à-dire, en d'autres termes, d'après le système de la loi sur les avancements d'hoi-*

rie, une donation entre vifs, éventuellement destinée à valoir plus tard, s'il y a lieu, comme partage de sa succession. De même l'intention des descendants est d'accepter cette donation comme contenant un partage éventuel de la succession qu'ils ont en expectative, et, partant, de se soumettre, dans leurs rapports respectifs, aux conséquences qu'entraînera un tel partage, s'il se réalise. Ainsi, dans l'intention de l'ascendant, comme dans celle des descendants, la donation, en tant que libéralité immédiate, est purement individuelle ; elle n'est un partage, et par suite, un acte soumis à l'égalité, qu'en tant que l'éventualité d'une vocation héréditaire commune viendra à se réaliser pour les différents donataires : le partage n'est ni actuel, ni certain, il est futur et purement éventuel.

C'est cette interprétation de volonté que nous ne pouvons accepter, parce qu'elle nous paraît fort incomplète.

Il nous semble que, dès que l'ascendant fait un partage entre vifs et que les descendants l'acceptent, la commune intention des parties n'est pas seulement de faire et d'accepter le partage éventuel de la succession, mais encore le partage actuel des biens immédiatement abandonnés. Comment admettre que l'ascendant qui a voulu que ses descendants eussent des droits égaux après sa mort, n'ait pas commencé par les leur assurer de son vivant? Si l'égalité est nécessaire dans la distribution des biens après la mort de l'ascendant, elle l'est aussi, et par cela même, du vivant de cet ascendant, puisque c'est la distribution qu'il a faite pendant sa vie qui doit, après sa mort, se transformer en partage de succession. Si donc on reconnaît qu'il a eu l'intention d'établir l'égalité pour le temps qui suivra son décès, on doit reconnaître aussi qu'il a eu l'intention de l'établir même pendant sa vie.

L'ascendant, de l'aveu même du système contraire, veut donner à ceux qu'il considère comme ses héritiers futurs, ceux-ci acceptent dans l'espérance de la même qualité : donc, dans la pensée de toutes les parties, les enfants *sont appelés avec des droits égaux à une masse commune* ; l'ascendant voulant hâter leur mise en possession, fait lui-même le partage de cette masse commune : la donation ayant un effet immédiat, et le partage ne faisant qu'un avec cette donation, il en découle comme conséquence nécessaire que *le partage doit, comme la donation dont il constitue la manière d'être, avoir un effet immédiat.* Donc, suivant nous, les donataires sont, du vivant même de l'ascendant, non pas, sans doute, des *cohéritiers*, mais des *copartagés*.

Ce système est le seul qui nous semble réaliser la commune intention des parties et donner au partage entre-vifs le cacactère qu'elles ont voulu lui imprimer. Ajoutons aussi que c'est le seul qui, maintenant entre les enfants, du vivant même du donateur, une égalité effective, assure à la famille le repos et la paix que le partage d'ascendant a pour but principal de lui procurer.

Cependant on a proposé contre ce système des objections que nous devons réfuter. De deux choses l'une, a-t-on dit : ou le partage ne sera pas précédé d'une attribution collective expresse, et dans ce cas rien n'autorise à la suppléer, ou il sera précédé de cette attribution collective; et alors cette attribution se trouvant détruite par la distribution postérieure, on retombe dans la première hypothèse.

Ce dilemme n'a rien de bien effrayant. D'abord, ainsi que nous l'avons démontré plus haut, qu'elle soit exprimée ou non, l'attribution collective existe toujours dans la pensée de l'ascendant, car elle peut seule expliquer l idée qu'il a eue de faire un partage, c'est-à-dire un acte qui implique l'égalité, et par conséquent une vocation collective antérieure. Nous devons donc toujours raisonner comme si elle était exprimée. En outre, la distribution postérieure qu'il a faite ne détruit en rien cette attribution collective, pas plus que la distribution testamentaire ne détruit la vocation légitime. Loin d'être incompatible avec l'attribution collective, la distribution individuelle, dans la pensée de l'ascendant, n'en est que l'exécution.

Sans doute si l'on suppose que l'ascendant, après s'être dépouillé par une attribution collective, veut plus tard, en se ravisant, faire une distribution individuelle, on pourra lui objecter qu'il n'est plus propriétaire et ne peut plus modifier une donation parfaite et irrévocable.

Mais ce n'est pas ce qui se passe dans un partage d'ascendant, dans un acte de cette nature, l'attribution collective et la distribution individuelle ne sont pas successives, mais simultanées; elles coexistent en un tout indivisible; et nier la possibilité de cette coexistence, ce serait nier précisément le caractère fondamental et distinctif du partage d'ascendant.

Maintenant que nous avons posé ces importants principes, nous allons en déduire les nombreuses conséquences et passer ainsi en revue les différents effets du partage entre-vifs. Pour procéder avec ordre, nous diviserons ces effets en catégories distinctes.

§ 1er. I. *Effets du partage entre-vifs dans les rapports de l'ascendant avec les descendants.*

Le partage entre-vifs, comme une donation ordinaire, dépouille actuellement et irrévocablement l'ascendant au profit des descendants de toutes les choses qui y sont comprises.

A partir du partage, ces choses sont aux risques de chacun de ceux auxquels le partage les a attribuées.

L'ascendant est tenu de faire à ses descendants la délivrance des biens donnés; il est donc responsable du défaut de délivrance qui peut lui être imputé.

Il n'est tenu à la garantie que dans le cas exceptionnel de constitution de dot (art. 1440).

Le partage entre-vifs est nul pour inobservation des formalités, conditions et règles propres aux donations et aux actes notariés (art. 1076); révocable pour les causes qui entraînent la révocation des donations, inexécution des conditions, ingratitude et survenance d'enfant); rescindable pour les causes applicables à tous les contrats (dol, violence; incapacité de l'ascendant).

La révocation et la rescision peuvent atteindre le partage tout entier (par exemple en cas de survenance d'enfant ou de violence exercée contre l'ascendant), comme elles peuvent aussi ne l'atteindre qu'en ce qui concerne le lot d'un ou de quelques-uns des descendants (par exemple, en cas d'inexécution des conditions, d'ingratitude, de dol d'un des copartagés). Cette subsistance du partage, après une destruction partielle, n'a rien qui doive nous étonner. En effet, une fois que l'acte a été valable *ab initio*, chacune des donations qui y étaient comprises est devenue indépendante de l'existence des autres et a pu subsister sans elles.

Au contraire, sauf le cas de diversité de jugements, la nullité proprement dite ne peut porter que sur la totalité du partage. En effet, comme elle résulte de l'inobservation des règles prescrites, soit quant au fond, soit quant à la forme, pour la validité des donations, elle est contemporaine de l'acte; et comme d'ailleurs les apportionnements n'ont pas encore alors d'existence propre et indépendante; elle s'étend à l'acte entier, quand même elle ne porterait directement que sur un apportionnement spécial.

L'ascendant a contre le partage entre vifs les actions en nullité, en rescision ou en révocation propres aux donations, parce qu'il a, vis-à-vis de ses descendants, le rôle d'un donateur; mais il ne saurait avoir les actions en nullité ou en rescision propres au partage, parce qu'il n'a pas le rôle de copartagé.

Il nous reste maintenant à examiner si les descendants sont tenus des dettes de l'ascendant, et dans quelle mesure.

Trois points sont hors de contestation : d'abord, il ne peut s'agir que des dettes présentes au moment de l'acte; l'art. 945 s'oppose à ce qu'on puisse imposer aux descendants la charge des dettes futures.

Secondement, on peut, aux termes mêmes de

l'art. 945, mettre par une clause expresse les dettes présentes à la charge des donataires.

Troisièmement, même dans le cas où les descendants seraient chargés des dettes présentes, l'ascendant en resterait toujours tenu, car personne ne peut dépouiller sa personnalité et se soustraire ainsi à ses obligations.

Même ainsi restreinte, la question présente encore de très graves difficultés. Trois systèmes principaux sont en présence.

Le premier déclare les descendants responsables, même *ultra vires*, de toutes les dettes présentes, et accorde contre eux une action directe aux créanciers. Ce système ne peut se fonder que sur la théorie, qui, ouvrant la succession dès le jour du partage, permet de considérer les descendants, du vivant même du donateur, comme des successeurs à la personne. Ayant rejeté le principe, nous devrons par suite rejeter la conséquence.

Un second système considère le partage entre vifs comme un titre universel d'acquisition ; dès lors, il déclare encore les descendants de plein droit responsables des dettes présentes. Mais, ne voyant plus, en général, dans les descendants que des successeurs aux biens, il limite leur obligation à leur émolument ; et, reconnaissant que l'acte intervenu entre le donateur et les donataires ne doit produire d'effets directs qu'entre eux seuls, il n'accorde aux créanciers contre les descendants que l'action oblique de l'article 1166. Nous ne pouvons encore admettre ce système; en effet, une universalité comprend nécessairement tout l'ensemble des biens, et même les biens futurs et éventuels : or, toute donation entre vifs, étant par l'ordre même de la loi limitée aux biens présents, ne peut jamais constituer un titre universel.

On a dit aussi, dans le même sens, que l'état détaillé exigé pour une donation de meubles, effaçait nécessairement l'universalité du titre ; mais cet argument ne nous paraît pas solide. Le partage testamentaire spécifie chacun des biens qu'il distribue, et pourtant il ne détruit pas l'universalité du titre. L'état détaillé et le titre universel ne sont donc pas incompatibles.

Enfin un troisième système, qui est celui que nous adoptons, ne déclare les descendants responsables des dettes, et seulement vis-à-vis de l'ascendant, que lorsqu'apparaît l'intention chez le donateur d'imposer cette charge aux donataires. Il ne voit là qu'une question d'interprétation d'acte, que peut seul trancher l'examen attentif des espèces particulières. Du reste, l'intention de charger les descendants des dettes se présumera assez facilement, surtout quand la donation comprendra tous ou presque tous les biens présents. Ce dernier système est le seul qui soit admissible après le rejet des deux autres. (Douai, 12 février 1840).

Il résulte de là que l'ascendant pourrait parfaitement se réserver expressément le paiement de ses dettes, même dans le cas d'une donation de la totalité de ses biens; mais, dans ce cas, les créanciers pourraient, au moyen de l'action Paulienne, faire tomber un acte nécessairement fait en fraude de leurs droits. Ils n'auraient même pas besoin de prouver la collusion des descendants donataires, puisque l'acte est à titre gratuit.

Quand les descendants n'ont reçu les biens qu'à charge de payer les dettes, cette obligation corrélative à la donation subsistera autant que la donation elle-même, et reste indépendante de la qualité future d'héritier. Or, comme la donation est maintenue, même en cas de renonciation à la succession de l'ascendant, ainsi que nous le verrons plus tard, l'obligation aux dettes présentes se continuera même après le décès du donateur et la renonciation du donataire à sa succession.

§ II. *Rapports de l'ascendant avec les tiers.*

Le partage entre-vifs opère une translation de propriété. Toutefois, il faut pour que cette translation de propriété soit opposable aux tiers que les différentes formalités exigées pour l'ensaisinement des immeubles, des créances et des meubles aient été accomplies par les descendants.

D'après une théorie, le partage entre-vifs aurait pour effet de soustraire à la masse d'après laquelle on doit calculer la quotité disponible au moment du décès, tous les biens compris dans ce partage. A ces biens correspondrait une quotité disponible spéciale, distincte de la quotité disponible correspondant aux biens non partagés.

Il nous suffirait pour rejeter ce système, de re - marquer qu'il suppose la succession ouverte dès la confection du partage, et qu'ainsi il rentre dans la théorie générale que nous avons déjà réfutée. Examinons cependant les arguments spéciaux sur lesquels il s'appuie.

Les biens partagés entre vifs, a-t-il dit, sont irrévocablement acquis aux descendants; et l'article 1077, en disant que les biens non compris au partage seront partagés conformément à la loi, prouve que les biens partagés sont mis sous tous les rapports en dehors de la succession de l'ascendant. Or, ce serait les y faire rentrer que de les réunir pour le calcul de la quotité disponible aux biens existants lors du décès.

Sans doute le partage entre vifs est irrévocable; mais il ne l'est pas plus que les donations ordinaires : or, ces donations comptent dans la masse pour le calcul de la quotité disponible. Sans doute, l'art. 1077 dit que les biens non partagés

le seront conformément à la loi ; mais il ne dit
pas que ces biens formeront seuls la succession
de l'ascendant. Il n'a qu'un but, faire respecter
le partage déjà fait, et limiter l'indivision aux
biens réellement indivis. Donc l'art. 1077 ne
saurait faire obstacle au principe de l'art. 922
qui veut que la masse sur laquelle se calculera la
quotité disponible comprenne aussi bien les objets donnés à titre gratuit que ceux qui appartenaient encore au *de cujus* au moment de son décès. D'ailleurs, ce principe de l'art. 922 n'est pas
contraire à l'irrévocabilité; ce n'est que par une
confusion amenée par les mots, qu'on a pu vouloir assimiler le procédé purement arithmétique
de l'art. 922, qui n'enlève absolument rien au
donataire, avec le rapport en moins prenant, appelé à tort rapport fictif, qui produit les mêmes
effets qu'un rapport réel. Le système que nous
repoussons d'ailleurs aurait les plus graves conséquences, et arriverait à limiter sans raison, et
souvent dans d'immenses proportions, la faculté
de disposer pour l'ascendant. A tous les points
de vue nous devons donc le rejeter, et reconnaître que le pacte de famille appelé partage d'ascendant entre vifs ne doit, quant au calcul de la
quotité disponible, être considéré que comme un
ensemble d'avancements d'hoirie ordinaires.

Après d'assez longues hésitations, c'est enfin la
solution qu'a définitivement adoptée la jurispru-

dence (Bordeaux, 3 juin 1863 ; Cassation, 31 décembre 1862 ; 24 avril 1861 ; 13 fév. 1860, etc. En sens contraire : Cassation, 4 février 1845).

§ III. *Rapports des descendants entre eux.*

Jusqu'ici la théorie qui du vivant de l'ascendant ne voit dans le partage entre vifs que des avancements d'hoirie individuels et encore indépendants les uns des autres, et celle qui y voit le partage d'une donation commune ont été d'accord pour lui donner les effets que nous venons d'indiquer. C'est dans les rapports des descendants entre eux que va commencer la divergence.

Elles s'accordent encore à reconnaître que le descendant qui a reçu avant le partage un avancement d'hoirie n'est pas obligé de le rapporter, à moins que l'objet donné n'ait été compris dans le partage et attribué à un autre descendant : en effet, le partage n'ouvrant pas la succession ne doit pas soumettre les copartagés au rapport.

Mais elles se divisent profondément en ce qui concerne l'action en garantie, le privilége et l'action en rescision pour lésion.

Dans le système que nous avons admis et démontré plus haut, les descendants sont, du vivant même de l'ascendant, de véritables copartagés ; la cause du partage n'a pas été la qualité de cohéritiers, puisqu'ils ne peuvent être héritiers qu'après l'ouverture de la succession, mais la qualité de copropriétaires, que leur a conférée

la donation commune. Dès lors, toutes les conséquences que produit un partage entre copropriétaires devront immédiatement s'appliquer ; toutes
celles qui sont spéciales à un partage entre cohéritiers, et qui supposent nécessairement l'existence de cette dernière qualité, devront être
différées jusqu'à l'ouverture de la succession de
l'ascendant, et ne se produiront que si, à cette
époque, cette qualité se réalise.

Ce principe posé, il ne nous reste plus qu'à en
tirer les conséquences qui se trouveront démontrées par suite de la démonstration du principe
lui-même.

Un partage entre copropriétaires produit immédiatement une obligation réciproque de garantie, le privilége sur les immeubles partagés
pour le paiement des soultes dues par certains
lots, et l'action en rescision pour lésion. Dès lors,
ces différents droits appartiendront immédiatement aux descendants.

Au contraire, le partage d'ascendant est soumis à certaines règles qui supposent nécessairement chez les copartagés la qualité d'héritier.
Ces règles ne devront pas s'appliquer pendant la
vie de l'ascendant. C'est ainsi que nous reconnaissons que l'action en nullité pour omission d'un
des successibles, ou l'action en rescision pour
avantage excessif dont parle l'art. 1079 *in fine*,
ne pourront être immédiatement exercées, parce

que toutes deux supposent que la succession est ouverte, et que, par suite, on peut connaître avec certitude quels sont les héritiers et quelle est la quotité disponible. Sur ces deux points, notre système s'accorde de nouveau avec celui qui considère le partage entre vifs comme un ensemble d'avancements d'hoirie individuels.

Dans ces questions, la jurisprudence se rallie, tantôt expressément, tantôt tacitement, au système qui ne voit dans le partage entre vifs du vivant de l'ascendant qu'un ensemble d'avancements d'hoirie indépendants les uns des autres ; aussi, adoptant toutes nos solutions, lorsqu'elles peuvent se concilier avec ce système, elle les repousse dès qu'elles leur deviennent incompatibles, comme lorsqu'il s'agit de l'action en garantie, du privilége et de l'action en rescision pour lésion. Pour la jurisprudence, sinon constante, au moins générale, ces différentes conséquences du partage ne peuvent se produire qu'après la mort de l'ascendant (Cass, 7 janvier 1863, 4 juin 1862, 6 février 1860, 19 décembre 1859, 28 février 1855, 31 janvier 1853, 18 février 1851, etc.)

§ 4. *Rapports des descendants avec les tiers.*

Le partage entre vifs, après toutefois l'accomplissement des formalités nécessaires à l'ensaisinement, investit les descendants de la propriété absolue des biens qu'il comprend. Aussi. en cas de prédécès du descendant donataire, les biens qu'il a reçus passent à ses héritiers. L'ascendant, il est vrai, reprendra seul les biens donnés, si le descendant ne laisse pas de postérité; mais ce ne sera pas parce que la part du descendant est caduque, mais parce que l'ascendant est héritier par droit de succession anomale. Aussi, faudra-t-il, dans ce cas, que les biens donnés se retrouvent en nature dans la succession du descendant prédécédé; et l'ascendant sera-t-il passible de l'action des créanciers héréditaires.

Le partage entre-vifs constituant un titre particulier d'acquisition, forme pour les descendants la cause et le principe d'une possession distincte de la possession de l'ascendant.

Les soultes mobilières seront régies comme biens immobiliers dans les rapports du descendant avec son conjoint, dans le cas où des immeubles seuls auraient été partagés par l'ascendant. Dans ce cas, en effet, comme nous avons montré qu'il y a partage de choses communes, et, comme ces choses sont immobilières, les droits des copartagés, primitivement immobiliers, ne peuvent changer de nature, par l'effet du partage.

Nous aurions encore à examiner ici les rapports des descendants avec le fisc; mais, comme l'étude de ces rapports exige une connaissance complète de tous les principes du partage d'ascendant, nous la rejetterons dans un appendice à la fin de notre travail.

DEUXIÈME PÉRIODE.

Effets du partage entre-vifs après le décès de l'ascendant.

Au décès de l'ascendant, sa succession s'ouvre. Cette circonstance produit de graves conséquences que nous allons examiner.

Supposons d'abord que tous les descendants acceptent la succession. Dans ce cas, le partage entre-vifs, qui, tant que vivait l'ascendant, n'était encore que le partage d'une donation commune, devient, à sa mort, le partage d'une succession.

Toutefois, pour que l'acte puisse ainsi se transformer, il faut que le partage existe encore comme donation, car son existence comme partage est, par suite de l'art. 1076, subordonnée à son existence comme donation.

Du reste, le titre d'héritier n'efface pas chez les descendants celui de donataire; et ces deux qualités coexistent en leur personne. C'est ainsi qu'ils ne doivent le rapport des biens à eux attribués ni à leurs cohéritiers, ni aux créanciers ou légataires de la succession.

A partir du décès, le partage devient suscepti_

ble d'être annulé ou rescindé, même pour les causes qui, comme la nullité pour omission d'un des successibles ou l'avantage excessif à l'un d'eux supposent la certitude de la qualité d'héritier ou la possibilité de fixer la quotité disponible.

Nous avons vu que, du vivant de l'ascendant, le partage pouvait être partiellement anéanti, soit pour inexécution de conditions, soit pour ingratitude, soit à cause du dol pratiqué par un copartagé. Cet anéantissement partiel donne lieu, lors du décès, à de graves difficultés. Trois systèmes sont en présence.

Le premier remarque que l'ascendant, en privant un de ses descendants des biens donnés, n'a voulu que lui faire perdre ce qui constituait réellement une libéralité dans le partage entre-vifs, c'est-à-dire la propriété et la jouissance antérieures à l'ouverture de la succession : il n'a nullement entendu attenter à l'acte considéré comme partage éventuel de la succession. Dès lors le descendant privé de sa part pourra de plein droit la reprendre lors du décès de l'ascendant; car alors il a, pour lui donner droit à une part dans les biens de la succession, le titre nouveau d'héritier. Le partage entre-vifs, anéanti partiellement comme donation, vaudra donc comme partage de succession, s'il n'a d'ailleurs pour le détruire aucune autre cause de nullité.

Ce système, qui se fonde surtout sur l'intention présumée de l'ascendant, pourrait avoir de bons résultats dans la pratique, mais il nous paraît inadmissible en droit. En effet, il se heurte de front contre le principe de l'art. 1076, qui exige que l'acte soit valable comme donation, pour qu'il puisse valoir comme partage de succession.

Ce principe de l'article 1076 nous semble exiger l'adoption du second système, qui prononce la nullité absolue du partage considéré comme partage de succession, et donne à tout descendant le droit de demander un nouveau partage selon la loi. En effet, la part d'un enfant lui ayant été enlevée, la donation que contenait le partage entre-vifs est nulle à son égard; dès lors, le partage éventuel de la succession, qui est nécessairement enté sur cette donation, est tombé avec elle, et le descendant, privé de la donation entre-vifs qu'il avait reçue, se trouve par là même omis dans le partage de la succession. Or, comme nous le verrons bientôt, l'art. 1078 accorde dans ce cas l'action en nullité à tous les descendants.

Un troisième système a essayé de se faire place entre les deux opinions que nous venons d'exposer. Il ne prononce *a priori* ni la validité, ni la nullité de l'acte considéré comme partage de succession, et accorde aux descendants qui sont restés apportionnés le droit d'en demander à leur choix l'annulation ou le maintien. D'après ce système, l'acte n'a été anéanti que contre certains descendants; et cette annulation partielle ne doit pas pouvoir s'opposer aux descendants vis-à-vis desquels le partage entre-vifs a toujours produit ses effets ordinaires, quand ceux-ci rendant leur part aux donataires dépossédés, veulent maintenir l'acte primitif.

Nous ne saurions admettre cette solution intermédiaire; car, dans le cas où les descendants restés apportionnés opteraient pour le maintien du partage, le principe de l'art. 1076, et, par suite, celui de l'art. 1078, se trouveraient violés comme dans le premier système.

Que déciderons-nous dans le cas où le partage n'aurait pas encore été partiellement anéanti, bien qu'il eût pu l'être, et où une action, à cet effet, se trouverait dans la succession de l'ascendant? Il semble, au premier abord, que les descendants, étant tous obligés à une garantie réciproque, aucun d'entre eux ne pourrait intenter contre un autre une action en révocation ou en nullité. Il n'en est rien cependant : nous avons admis que, du vivant de l'ascendant, les descendants se doivent la garantie; mais nous avons vu que cette garantie ne repose que sur une vocation commune aux mêmes biens. Puisque cette garantie présuppose une vocation collective à une masse commune, elle ne peut s'étendre à cette vocation elle-même qui lui donne naissance; et si cette vocation disparaît, l'obligation à la garantie disparaît aussi avec sa cause. Or, ici, il s'agit précisément de détruire le titre même qui, établissant la communauté, ne peut être protégé par la garantie que seul il produit, parce que l'effet ne peut précéder la cause. L'ouverture de la succession établit, il est vrai, une communauté nouvelle qui donne un nouveau droit à la garantie avec le titre d'héritier ; mais cette garantie, ne portant que sur le partage de la succession, ne saurait s'étendre à la donation entre-vifs que contient le partage d'ascendant. Dès lors cette donation entre-vifs peut être attaquée par les descendants intéressés, sans qu'ils puissent être repoussés par une fin de non recevoir tirée de la garantie ; et, cette donation une fois détruite, nous rentrons dans l'hypothèse précédemment prévue : le partage d'ascendant se trouve entièrement annulé même comme partage de succession.

Vis-à-vis des tiers, les biens partagés entre vifs restent entre les mains des descendants au titre unique de donation. Donc tous les effets que l'acte a pu produire, en tant que donation, dans les rapports des descendants avec les tiers continuent de subsister. En effet, la donation entre-vifs que renferme le partage, ainsi que nous l'avons vu plus haut, a complétement dessaisi l'ascendant et

ensaisiné les descendants d'une manière définitive et irrévocable.

Nous allons supposer maintenant que, par suite
de prédécès, renonciation ou indignité, un descendant compris dans le partage ne recueille pas
la succession de l'ascendant. Dans ces cas le descendant gardera, bien qu'il ne devienne pas héritier, les choses qu'il a reçues ; et, la qualité de
donataire constituant de sa nature un titre irrévocable, suffira pour lui en assurer la propriété.
En effet, puisque le partage entre-vifs constitue
une donation véritable, il en résulte qu'il vaudra
comme donation entre-vifs alors même qu'il est
nul comme partage de succession, parce que la
qualité d'héritier manque à quelques uns des copartagés. Le partage, il est vrai, ne peut subsister
quand il est nul comme donation ; mais la réciproque n'est pas vraie. En effet, si le partage nul
comme donation ne peut être maintenu comme
partage, c'est parce que la loi a formellement assujetti le partage aux formes des donations. Mais
cette raison toute spéciale n'existe pas dans notre
hypothèse ; jamais, en effet, la loi n'a décidé que
l'acte, en tant que donation, serait nul s'il ne valait en outre comme partage. Reste donc le principe de droit commun qui doit nous faire admettre la divisibilité des deux caractères comme
conséquence de leur indépendance naturelle
(Agen, 16 février 1857).

Ce n'est peut-être pas en toutes circonstances très-conforme aux intentions de l'ascendant ; mais telle est la théorie générale de notre Code sur ce point ; et elle s'applique tous les jours sans difficultés pour les simples avancements d'hoirie dont le partage entre vifs n'est au fond qu'un ensemble soumis à quelques règles spéciales.

De nombreuses conséquences découlent de ce principe. Ainsi le descendant reste soumis aux charges et conditions imposées à la donation ; et cette donation peut être réduite si elle dépasse la quotité disponible.

Les descendants qui n'ont pas le titre d'héritier ne sont pas soumis aux charges que ce titre entraîne ; mais ils n'en auront pas non plus les bénéfices ; c'est ainsi qu'ils ne pourront invoquer les causes de nullité qui impliquent cette qualité, ni prendre une part dans les biens non partagés.

En parlant du prédécès de l'enfant donataire et en l'assimilant à la renonciation ou à l'indignité nous avons supposé que le prédécédé mourait sans enfants qui le représentent. Dans le cas où il laisserait des enfants capables de le représenter, ces derniers prendront sa place ; quand bien même ils n'auraient pas accepté la succession du prédécédé, ils succéderont exactement à toutes ses obligations comme à tous ses droits. Dès lors le partage entre-vifs dans lequel le représenté a été compris doit être considéré comme comprenant les représentants ; ceux-ci auront les actions en nullité ou en rescision du partage et les autres copartagés les auront contre eux ; enfin ils devront une indemnité à leurs cohéritiers, de même qu'ils auront droit eux-mêmes à une indemnité à raison des troubles ou évictions survenus dans les biens partagés. Ce principe et ces conséquences produiront parfois de singuliers résultats ; mais ils sont exigés par la loi d'égalité qui ne saurait permettre que les rapports entre les descendants soient modifiés, parce que l'un d'eux ne peut venir prendre sa part en personne, et se trouve remplacé par ses représentants.

CHAPITRE V.

DES ACTIONS EN NULLITÉ ET DES ACTIONS EN RESCISION DU PARTAGE D'ASCENDANT.

Le partage d'ascendant peut être détruit par des causes assez nombreuses ; les unes lui sont spéciales, les autres, au contraire, sont de droit commun pour tout partage ; les unes sont spécialement prévues par le Code, les autres doivent être suppléées par la doctrine.

Parmi ces causes, nous distinguerons d'abord celles qui amènent la nullité et celles qui amènent la rescision.

Il y a cause de nullité quand le partage est affecté d'un vice absolu qui ne peut se couvrir et peut être invoqué par tous les copartagés et par chacun d'eux. Il y a cause de rescision quand le partage n'est infecté que d'un vice relatif qui peut se couvrir, et ne peut être invoqué que par quelques-uns des copartagés.

SECTION PREMIÈRE.

Causes de nullité.

La loi ne prévoit qu'une cause de nullité. Nous allons l'examiner en détail, puis nous indiquerons les autres causes de nullité que la doctrine nous permettra d'ajouter à celle que le texte a prévue.

§ 1ᵉʳ. *Cause prévue.*

C'est un principe de droit commun qu'un partage n'est valable qu'autant qu'il est fait entre tous les ayants-droit. Aussi l'article 1078, en disant que le partage d'ascendant sera nul s'il ne comprend pas tous les descendants, ne fait-il que l'application pure et simple des principes généraux.

Le législateur, par cette disposition, nous indique aussi clairement qu'il considère bien le partage d'ascendant comme un véritable partage, et non comme un ensemble de dispositions par préciput.

Puisque l'art. 1078 n'est que l'application des principes généraux, nous devons sans hésiter étendre la nullité qu'il édicte au cas où le partage serait fait entre tous les ayants-droit, mais sans l'être en raison des droits héréditaires de chacun.

Il résulte encore de là que, puisque les descendants n'acquièrent de droit positif au partage que par la qualité d'héritier, ils devront, pour invoquer valablement cette nullité, être en ordre de succéder et devenir réellement héritiers. Le texte même de l'article 1078 indique implicitement ces deux conséquences.

Les représentants sont censés directement apportionnés en la personne du représenté, ainsi que nous l'avons établi plus haut, mais la réciproque n'est pas vraie. En effet, le Code ayant repoussé la règle qui considérait le père comme directement gratifié des dons faits à ses enfants, la part attribuée aux représentants ne peut être regardée comme le lot du représenté.

Puisque le partage est nul s'il ne comprend pas tous les ayants-droit, nous devons rechercher, pour déterminer les cas où le partage sera nul, quelles sont les personnes que doit comprendre le partage d'ascendant.

Aucune difficulté ne s'élève pour les enfants légitimes ou adoptifs, mais on a vivement contesté à l'enfant naturel le droit d'être compris au partage d'ascendant.

L'enfant naturel, a-t-on dit, n'est pas héritier : donc son omission ne saurait annuler le partage. Bien plus, l'enfant naturel est frappé d'une incapacité partielle; et dès-lors on a été jusqu'à prétendre qu'il ne pouvait pas même être compris au partage parce que l'ascendant trouverait trop de moyens d'éluder l'incapacité en faisant lui-même les lots et leur répartition.

Nous ne saurions accepter ces solutions. En supposant même que l'enfant naturel ne soit pas héritier, il est certainement copropriétaire, et ce titre suffit pour lui donner droit au partage. De plus, la simple possibilité d'une fraude ne suffit pas pour défendre un acte. L'enfant doit donc être compris au partage; et dès lors son omission entraînera la nullité du partage.

Il en est de même d'un légataire universel ou à titre universel. En effet, ce légataire est constitué par l'ascendant copropriétaire de la succession; et dès lors il a droit à une part dans le partage de cette succession.

Dans le cas où le partage d'ascendant serait nul par application de l'art. 1078, tous les ayants-droit, même ceux qui ont été apportionnés, pourront demander un nouveau partage dans la forme légale. L'article 1078 s'en explique expressément, et d'ailleurs, ce n'est que l'application de l'article 815, car tous les copartagés se trouvent dans une indivision au moins éventuelle.

Il ne sera pas nécessaire, pour demander un nouveau partage, de faire préalablement prononcer la nullité du premier. Le texte, en effet, ne l'exige pas, il semble même le défendre, et notre pratique moderne n'est pas formaliste à ce point.

§ II. — *Causes non prévues.*

Parmi les causes de nullité qui ne sont pas prévues par le Code, mais que la doctrine permet de suppléer, nous indiquerons la survenance d'enfants survivants pour le partage entre-vifs et la confection d'un testament inconciliable avec le premier pour le partage testamentaire. Nous n'insisterons pas sur ces causes de nullité qui portent sur des matières que nous n'avons pas ici à étudier en détail.

SECTION II.
Causes de rescision.

§ I. — *Causes prévues.*

La loi prévoit deux causes de rescision :

1° Lésion : « *Le partage fait par l'ascendant pourra être attaqué pour cause de lésion de plus du quart* » (art. 1079). Cette cause de rescision n'est pas spéciale au partage d'ascendant, mais commune à tous les partages; ce qui prouve encore que le législateur n'a pas considéré l'acte comme un ensemble de dispositions précipulaires, mais comme un partage véritable.

Cette cause d'annulation, étant purement relative, ne peut être invoquée par tous les cohéritiers, et n'appartient qu'à celui ou à ceux qui subissent une lésion de plus du quart ; si donc ces cohéritiers ne réclament pas, le partage, bien qu'irrégulier, subsis‍e, et pourra même, ainsi que nous le verrons plus loin, devenir inattaquable.

La circonstance qu'un descendant aurait reçu par le partage plus du quart au-delà de sa part héréditaire n'autoriserait pas ses cohéritiers à demander la rescision du partage, si d'ailleurs aucun d'eux n'a été lésé de plus du quart. En effet, c'est seulement à la lésion de plus du quart que la loi a donné la force éventuelle d'annuler le partage.

Lorsqu'il s'agit d'apprécier si un descendant a été lésé de plus du quart, il ne faut tenir compte que des biens partagés par l'ascendant. Quant à ceux qui ont été donnés ou légués à des étrangers, ou dont l'ascendant a disposé par préciput en faveur de quelques-uns de ses descendants, ils on été mis en dehors de la masse commune à distribuer entre les descendants, et, par conséquent, le partage ne porte pas sur eux.

Dans le partage testamentaire l'action en rescision pour lésion n'appartient aux descendants lésés qu'autant qu'ils deviennent héritiers : en effet, c'est leur qualité d'héritier qui seule leur donne droit au partage. Dans ce cas, l'estimation des biens nécessaire pour reconnaître l'existence de la lésion doit se faire d'après leur valeur au moment du décès ; car, ce n'est qu'à cette époque que le partage testamentaire produit ses effets.

Quand il s'agit d'un partage entre vifs, il faut distinguer.

Nous avons admis que l'acte avait, avant le décès de l'ascendant, le caractère d'un partage de choses communes. Dès lors, même avant le décès de l'ascendant, les descendants auront, comme tous copartagés, l'action en rescision pour lésion, et les biens s'estimeront naturellement d'après leur valeur lors de la confection de l'acte. Sur ces points cependant la jurisprudence nous est généralement contraire (Bordeaux, 9 juin 1863; Cassation, 7 janvier 1863, 4 juin 1862, 19 déc. 1859, etc. Voir toutefois en notre sens, Cassat., 4 fév. 1845; Agen, 1er juin 1858; Rennes, 18 août 1860; Poitiers, 5 mars 1862, etc.).

Après le décès de l'ascendant, nous avons vu que l'acte pouvait prendre un nouveau caractère, et devenir un véritable partage de succession. Dans ce cas, les cohéritiers peuvent trouver dans le titre nouveau qui leur est offert un nouveau droit à l'égalité ; mais ce droit n'appartiendra qu'à ceux qui deviendront réellement héritiers par l'acceptation de la succession de l'ascendant. Ceux qui la répudieront resteront simples donataires, comme nous l'avons vu, et, n'acquérant aucun droit nouveau lors du décès de l'ascendant, ils n'auront toujours que les droits qu'ils avaient antérieurement à son décès. Au contraire, les descendants qui ont accepté la succession ont acquis un droit à l'égalité lors de l'ouverture de la succession ; ils pourront donc faire estimer les biens d'après leur valeur au moment du décès et demander la rescision, si cette estimation nouvelle prouve une lésion de plus du quart. Ici la jurisprudence nous est favorable (Cassat., 7 janvier 1863, 4 juin 1862, 19 déc. 1859, etc.). Nous verrons toutefois, en parlant des fins de non-recevoir opposables aux actions en rescision, que cette dernière règle doit être limitée par une restriction importante ; et qu'il faut, pour que la réclamation de l'héritier lésé triomphe, ou bien que l'action en rescision qui aurait pu être intentée contre le partage du vivant de l'ascendant ne soit pas éteinte, ou bien que le nouveau mode d'estimation ait fait apparaître une lésion nouvelle.

Nous repoussons d'ailleurs la distinction qu'on a quelquefois proposée entre les meubles et les immeubles en ce qui concerne leur estimation respective. Des auteurs appliquent ici les règles du rapport, parce qu'il s'agit de régler les relations des héritiers, non avec des tiers, mais entre eux. Mais nous croyons que c'est à tort ; en effet, puisque le partage entre-vifs exclut précisément le rapport, on ne voit pas comment on pourrait appliquer les règles d'une institution que l'espèce repousse. Les principes particuliers du rapport étant donc écartés, on reste dans le droit commun, qui veut que tous les biens s'estiment d'après leur valeur à l'époque où les droits des cohéritiers sur eux viennent à concourir.

Dans les partages ordinaires, la loi autorise le défendeur à la demande en rescision pour lésion, à en arrêter le cours, et à empêcher un nouveau partage, en offrant et fournissant au demandeur le supplément de sa portion héréditaire, soit en numéraire, soit en nature. Nous donnerons la même solution pour le partage d'ascendant ; en effet, nous avons vu que l'action en rescision pour lésion n'est ici que l'application des principes ordinaires des partages ; nous devons donc, pour entrer dans l'esprit du législateur, compléter son œuvre par l'introduction des principes de droit commun sur la matière. La jurisprudence admet sans difficulté cette application de l'art. 891 (Cass., 25 février 1856 et 17 août 1863.)

Examinons maintenant quelques hypothèses spéciales. Si, par une institution contractuelle, un ascendant a promis l'égalité à l'un de ses

descendants, ce descendant sera fondé à se plain-
dre de toute lésion, quelque minime qu'elle
puisse être (Cass., 26 mars 1845). Il n'y a pas là
une exception réelle aux principes de la rescision
pour lésion ; car, dans ce cas, ce n'est pas en
vertu de ces principes, mais en vertu des principes de la promesse d'égalité, que la réclamation pourra se produire.

Si l'ascendant a fait plusieurs partages entre-
vifs successifs, les principes que nous venons
d'exposer sur la rescision pour lésion devront
s'appliquer à chacun des partages considérés in-
dividuellement.

Un système cependant a proposé de combiner
les résultats de chacun des partages particuliers,
et de ne prononcer la rescision qu'autant que de
tous ces partages résulterait pour l'un des descendants une lésion de plus du quart par rapport
au total de tous les biens partagés. Ce système
s'appuie surtout sur une raison d'équité : il ne
serait pas juste, selon lui, qu'un descendant pût
faire rescinder un partage pour lésion, alors que
cette lésion se trouve peut être largement com-
pensée par les avantages que lui assure un autre
partage. Il s'appuie sur l'autorité d'un arrêt de
cassation, rendu le 18 décembre 1854.

Nous ne saurions admettre ce système. Le législateur, en nous disant, dans l'art. 1077, que
les biens non partagés par l'ascendant le seront

conformément à la loi, a clairement indiqué qu'il entendait que le partage d'ascendant, même partiel, fût entièrement indépendant des partages postérieurs, et composât à lui seul un tout complet, portant en lui-même la raison de sa validité ou les causes de sa rescision. En effet, si le partage ordinaire de la succession de l'ascendant lèse un des cohéritiers de plus d'un quart, le cohéritier lésé a droit à la rescision de ce partage, d'après la loi. On ne saurait donc lui enlever cette action sous prétexte que le partage entre vifs lui a donné des avantages qui compensent sa lésion dans le second partage : il répondrait que, d'après le texte de l'art. 1077, le second partage, quel qu'ait été le premier, doit être conforme à la loi. Or, s'il en est ainsi, la prétention de combiner tous les partages pour le calcul de la lésion se trouve positivement condamnée par le législateur. Elle devait l'être en effet : le but du partage d'ascendant est de prévenir les procès entre les descendants; or, si chaque partage ne forme pas à lui seul un tout complet, et si des actes postérieurs ou antérieurs peuvent influer sur sa validité, les descendants se trouvent invités à invoquer tous ces différents actes pour les combiner entre eux ; les questions litigieuses, que l'ascendant avait voulu séparer pour les mieux trancher, se trouvent de nouveau réunies ; et de cette confusion nouvelle, plus

grande sans aucun doute que la première, va
jaillir une source de procès plus abondante encore que celle que l'ascendant avait essayé de
tarir. Le législateur devait donc établir l'indépendance absolue des partages successifs ; il a
énoncé implicitement cette idée dans l'art. 1077,
et c'est à la doctrine à dégager et à proclamer
cet important principe, loin de le méconnaître et
de le renier.

2° Avantage excessif. « *Le partage fait par
l'ascendant pourra être attaqué dans le cas où
il résulterait du partage et des dispositions faites
par préciput que l'un des copartagés aurait un
avantage plus grand que la loi ne le permet.* »
(Art. 1079 2°.)

Cette cause de rescision (car nous allons voir
qu'il y a bien, dans la seconde partie de l'article 1079, une véritable cause de rescision) est
la seule qui soit véritablement spéciale au partage
d'ascendant.

C'est une innovation de notre Code. Le projet
allait beaucoup plus loin, et permettait de demander la rescision dès qu'un des copartagés
avait reçu un avantage préciputaire. Ce système
avait de graves inconvénients : il ne permettait
pas à l'ascendant de cumuler deux facultés qu'il
pouvait exercer séparément, et de combiner ainsi
les avantages propres à chacune de ces facultés ;
pour prévenir l'abus du droit, il retirait le droit

même. Aussi, on finit par reconnaître à l'ascendant le droit de cumuler la faculté de disposer par préciput avec celle de partager ses biens.

Mais craignant que ce droit ne servît à éluder la loi, qui limite la quotité des dons préciputaires faits à des descendants, on essaya de prévenir cet abus par notre disposition. Tel est l'unique motif de cette nouvelle cause de rescision : M. Berlier l'a dit expressément dans les Travaux préparatoires (Fenet, t. XII, p. 409 et suiv.); et ce qui le prouve encore de la manière la plus formelle, c'est que, si la quotité disponible a été donnée à un étranger, les avantages faits à l'un des descendants ne pourront faire rescinder le partage qu'autant qu'ils entraîneront pour un des copartagés une lésion de plus du quart; tandis que ces mêmes avantages, si petits qu'ils soient, suffiront pour amener la rescision, si la quotité disponible a été donnée à un descendant.

Cette action est donc différente de l'action en rescision pour lésion ; elle ne l'est pas moins de l'action en réduction, fondée sur les principes de la réserve. En effet, l'action en réduction n'est pas une action en rescision du partage : elle tend uniquement à ramener dans les limites de la quotité disponible les libéralités qui s'en sont écartées, sans que le partage des biens qui n'ont pas été donnés par préciput en soit en rien ébranlé. Cette action en réduction est de droit commun, et pourra être exercée même contre un descendant, si les biens qui lui ont été attribués par préciput dépassent la quotité disponible ; mais cette hypothèse n'est pas celle qui nous occupe en ce moment.

Nous supposons ici, avec la lettre de l'article 1079 *in fine*, que la quotité disponible n'est dépassée, en faveur d'un des copartagés, que par l'addition d'un lot avantageux à une disposition préciputaire, qui en elle-même est conforme à la loi.

Même, dans cette dernière hypothèse, des auteurs et des arrêts (Cass., 20 déc. 1847 ; Agen, 14 mai 1851 ; rejet, 30 juin 1852, etc) n'ont vu qu'une action en réduction ordinaire ; mais nous ne saurions admettre leur système, que d'ailleurs la Cour de cassation condamne dans sa jurisprudence récente (Cass., 1ᵉʳ mai 1861). Le législateur, en réunissant deux actions dans le même article, a clairement indiqué qu'il entendait leur donner la même nature ; or, l'action en rescision pour lésion a bien pour effet de faire tomber le partage. Les travaux préparatoires ne laissent aucun doute sur ce point ; en effet, ils parlent expressément de rescision, et montrent que le législateur a vu, dans la réunion des circonstances prévues par l'article 1079, une présomption de fraude à la loi qui doit nécessairement frapper de nullité relative le partage tout entier.

Par suite de cette dernière idée, nous devons décider que notre action ne pourra être arrêtée par l'offre d'un supplément conforme à l'art. 891. (En ce sens : cassat., 17 août 1863). On comprend qu'un supplément en argent ou en nature puisse, en réparant le préjudice, faire disparaître la lésion, et, avec elle, la cause de rescision. En effet, cette lésion ne suppose qu'une erreur de calcul. Au contraire, le supplément ne pourrait détruire une cause de rescision qui repose, non pas sur le préjudice causé à certains copartagés, mais sur une présomption de fraude de la part de l'ascendant.

Cette action en rescision n'appartient qu'à ceux des cohéritiers qui n'ont pas reçu l'avantage excessif qui sert de base à la rescision. (Cassation , 30 juin 1852 ; Toulouse, 10 juillet 1862.)

L'action en rescision pour avantage excessif, supposant connue la quotité disponible, ne peut, comme nous l'avons dit, s'intenter qu'au décès de l'ascendant.

L'estimation des biens se fera d'après les règles que nous avons établies en cas de lésion, c'est-à-dire d'après la valeur des biens à l'époque du décès de l'ascendant ; en effet, les raisons de décider sont identiques. Toutefois, l'action ne pouvant s'intenter qu'après le décès de l'ascendant, l'hypothèse où les biens doivent s'estimer d'après leur valeur au moment de l'acte entre vifs, alors que l'action est intentée du vivant de l'ascendant, ne pourra jamais se présenter.

Notre action en rescision aura pour effet de faire tomber le partage, mais non d'anéantir la libéralité préciputaire, qui ne peut être atteinte que par l'action en réduction, et seulement en tant qu'elle dépasserait la quotité disponible. (Agen, 16 février 1857.)

Si un étranger qui a reçu par un acte de disposition régulier toute la quotité disponible, a été compris par l'ascendant dans le partage, et s'il lui a été attribué pour sa part un lot dont la valeur excède la quotité disponible, nous ne pourrons, en l'absence d'un texte formel, prononcer la nullité rigoureuse dont le partage tout entier est frappé dans l'hypothèse de l'art. 1079 ; mais nous devrons permettre aux descendants, dont la réserve est atteinte par les attributions du partage, de faire réduire le lot de l'étranger donataire à la valeur exacte de la quotité disponible. En effet, les principes rigoureux de la réserve ne peuvent admettre ici la latitude avec laquelle le législateur applique le principe d'égalité dans les partages ordinaires ; et, en l'absence de texte, les principes généraux suffisent pour autoriser cette décision.

§ II. — *Causes non prévues.*

1° Répartition irrégulière des biens de nature

différente. Ici le texte nous abandonne, et nous devons pour compléter la loi avoir recours aux principes généraux.

Tout partage présuppose un droit de copropriété appartenant à plusieurs sur une masse commune : chacun des communistes est donc propriétaire pour une certaine fraction de chacun des objets composant la masse totale. Le problème à résoudre par le partage est de transformer ce droit indivis sur tous les objets de la masse en un droit privatif sur certains objets, de manière à ce que le droit exclusif représente aussi exactement que possible le droit indivis auquel il succède. Or, pour que cette représentation soit exacte, il ne suffit pas que chacun retrouve une valeur équivalente à sa portion dans la masse indivise ; il faut encore qu'il retrouve dans son lot des spécimens de chacune des espèces de biens dont se composait cette masse.

De là résulte qu'il existe pour des copartagés deux sortes de lésions possibles : la première se présente quand le partage ne donne pas à chacun d'eux la valeur estimative de la portion qui lui appartient par indivis dans la masse ; la seconde se rencontre quand chaque lot ne contient pas des objets pris dans chacune des espèces de biens formant cette masse.

La première de ces lésions est certainement la plus importante. Elle est aussi la plus facile à éviter : aussi le législateur en a-t-il fait, de tout temps, une cause de rescision du partage. Le Code Napoléon a reproduit cette tradition constante dans l'art. 887-2°, pour les partages ordinaires, et dans l'art. 1079-1°, pour les partages d'ascendant.

La seconde espèce de lésion est beaucoup moins grave : aussi n'a-t-elle pas toujours attiré l'attention du législateur. Le droit romain n'en faisait jamais une cause de rescision, et dans notre ancien droit les coutumes étaient fort divisées sur ce point. Cette lésion est aussi beaucoup plus difficile à éviter ; souvent même il est impossible de l'éviter entièrement. Aussi les législations qui s'en sont occupées pour la prohiber ont-elles toujours été contraintes de laisser une certaine latitude dans l'application de cette règle qui, strictement suivie, rendrait souvent le partage impossible. Le Code Napoléon a posé ce principe dans le partage ordinaire, et il l'a ainsi formulé, art. 826 : « *Chacun des cohéritiers* « *peut demander sa part en nature des meubles* « *et immeubles de la succession...* » (Art. 832). « *Il convient de faire entrer dans chaque lot, s'il* « *se peut, la même quantité de meubles, d'im-* « *meubles, de droits ou de créances de même na-* « *ture et valeur.* » Ce second article paraît n'être qu'un conseil donné au juge ; mais la formule plus ferme de l'art. 826 nous prouve que le législateur a bien entendu donner un ordre et non un simple conseil, et que s'il n'a pas voulu prescrire une application trop absolue de ce principe, il n'a pas moins entendu le poser d'une manière certaine.

Mais quelle sera sa sanction ? Des auteurs ont refusé de le sanctionner par la rescision du partage. La formule de la règle, disent-ils, n'a rien d'impératif ; et le Code n'a pas parlé de cette cause de rescision quand il s'est occupé de l'annulation du partage.

Nous avons déjà répondu au premier argument ; il est facile de répondre aussi au second. Si le législateur n'a pas rappelé, dans le chapitre des rescisions, cette cause particulière, c'est qu'elle est contemporaine des opérations du partage, et que, par la force même des choses, elle est éteinte dès que le partage est irrévocablement terminé. En effet, ou les copartagés ont accepté le partage tel qu'il a été fait, et dès lors cette ratification a effacé la cause de nullité ; ou ils ont réclamé contre la composition des lots, et alors la Cour d'appel d'abord, et, après elle, la Cour de cassation, ont eu immédiatement à faire respecter le principe des articles 826 et 832, en rescindant le partage irrégulier. Le législateur n'avait donc pas à comprendre dans les causes de rescision postérieures au partage, celle qui, par la force même des choses, ne peut se présenter qu'avant que le partage soit définitivement arrêté.

Ainsi, nous avons reconnu, qu'au moins dans le partage ordinaire, le législateur exige que les lots soient composés de biens de même nature, et que la rescision du partage est la sanction de cette règle.

Mais doit-on transporter la règle et sa sanction dans le partage d'ascendant? Une vive controverse s'est élevée sur ce point. Nous distinguerons d'abord entre le cas où le partage d'ascendant est fait par testament et celui où il est fait par acte entre-vifs.

Occupons-nous d'abord du partage testamentaire,

Dans ce cas, quelques auteurs et quelques arrêts (Riom, 10 mai 1851; Grenoble, 27 novembre 1851; Nîmes, 20 novembre 1854) ont refusé d'appliquer le principe des art. 826 et 832 ; ils s'appuient sur des raisons de texte et sur des considérations morales.

Le texte, dans les art. 1078 et 1079, prévoit des actions en nullité ou en rescision et, parmi elles, l'action en rescision pour lésion et l'action en nullité pour omission d'un ayant-droit, qui toutes deux existent de droit commun : donc le législateur, qui a cru nécessaire de rappeler ici ces causes d'annulation, a entendu que les règles du partage ordinaire ne s'appliquassent que dans les cas où il l'aurait formellement ordonné. D'ailleurs, même pour le partage ordinaire, le principe qu'on voudrait étendre ici n'est pas essentiel, puisque, par suite de l'art. 891, ce principe peut cesser de recevoir son application.

En outre, dans le partage ordinaire, il peut encore se justifier, car ni l'expert chargé de faire les lots, ni le juge qui doit homologuer le projet proposé par l'expert, n'offrent aux parties des garanties spéciales qui puissent légitimer une indépendance absolue. Mais ici celui qui compose les lots est un ascendant ; c'est un propriétaire qui connaît les avantages et les inconvénients de chacun de ses biens ; c'est un père qui connaît les goûts et les aptitudes diverses de chacun de ses enfants. Ne peut-on pas remettre, dans l'intérêt même de la famille et de la société, un pouvoir absolu à ce magistrat domestique dont l'affection éclairée assure la meilleure répartition des biens ?

Grâce à cette solution, le partage d'ascendant voit doubler ses résultats utiles ; les exploitations importantes peuvent survivre à l'ascendant sans tomber en dissolution par une division nécessaire et mortelle ; le vœu indiqué par M. Bigot de Préameneu dans l'exposé des motifs est réalisé : « L'ascendant peut éviter des démembrements et conserver à l'un des enfants l'habitation qui pourra continuer d'être l'asile commun. »

Nous devons reconnaître que cette interprétation présenterait souvent de précieux avantages, et peut-être le législateur, qui avait pressenti et indiqué ces avantages dans les travaux pré-paratoires, aurait-il dû en assurer la réalisation par un texte formel ; mais dans l'état de notre législation, nous ne saurions admettre ce système.

Le partage d'ascendant, ainsi que nous l'avons établi plus haut, a toujours été considéré par le législateur, en ce qui concerne les rapports des descendants entre eux, comme un partage véritable. Il en résulte nécessairement que les règles essentielles, et mêmes naturelles, au partage ordinaire, doivent se transporter dans le partage d'ascendant. L'argument qu'on tire des art. 1078 et 1079 n'est qu'un argument *a contrario*, qui, se heurtant contre un principe général, ne saurait avoir aucune valeur ; celui qu'on tire de l'art. 891 n'est pas plus puissant ; en effet, de ce que, dans un cas particulier, la loi fait exception au principe qu'elle a posé, on n'est pas en droit de conclure que ce principe a perdu son autorité, et peut être violé impunément. Il ne reste donc au système que nous combattons que des considérations morales, fort graves sans doute, mais qui ne peuvent prévaloir contre les déductions juridiques que la logique impose.

Ainsi, nous devons transporter dans le partage d'ascendant la règle des articles 826 et 832, et dès-lors sa violation formera une nouvelle cause de rescision.

. Cette cause de rescision étant d'une nature toute spéciale, n'exige pas la preuve préalable d'une lésion et ne peut être effacée par un supplément de lot fourni d'après l'art. 891 du Code Napoléon. (Rejet, 25 février 1856.)

Toutefois, nous ne devrons pas être trop sévère dans l'application de cette règle, qui, par la force même des choses, laisse toujours dans la pratique une certaine latitude, et se renferme dans les limites du possible. C'est ainsi que l'article 833 suppose que le partage pourra contenir des inégalités dans la nature des lots, et indique le moyen de compenser cette inégalité. En cas de contestation, le juge devra apprécier en fait si les circonstances autorisaient l'ascendant à s'écarter du principe, et si cet écart reconnu nécessaire n'a pas dépassé la mesure fixée par la loi. Toutefois, il est à regretter que le peu de précision de la règle laisse au juge une liberté d'appréciation assez étendue pour pouvoir souvent tomber dans l'arbitraire.

Ces solutions sont celles auxquelles se range une jurisprudence de plus en plus constante et unanime. (Cassation, 7 juin 1863; 18 août 1859; 11 août et 25 février 1856; 18 décembre 1855, etc.)

Il est des cas où la force même des choses s'op-

pose absolument à l'application de notre principe; l'égalité en nature n'est plus seulement
possible qu'à demi, elle est radicalement impossible. Dans ce cas, le législateur n'a pas consenti
à abandonner complétement le principe qu'il
avait bien voulu tempérer; aussi, dans l'art. 827,
il ordonne la licitation du bien impartageable et
trouve ainsi le moyen de rétablir pleinement
l'égalité en nature dans les différents lots.

Un grand nombre d'auteurs et la jurisprudence
(Cassation, 9 juin 1857 et 7 août 1860) refusent
d'appliquer l'art. 827 dans le partage d'ascendant; et, après avoir admis le principe de l'égalité en nature, ils reculent devant la nécessité de
la licitation qui n'en est que la conséquence.
C'est qu'en effet cette conséquence, transportée
dans le partage d'ascendant, y produit les plus
fâcheux résultats : elle force l'ascendant qui veut
assurer la validité de son partage testamentaire à
se défaire pendant sa vie d'un bien auquel l'atta-
chent peut-être les souvenirs les plus doux et les
affections les plus chères, sans lui laisser toujours
la consolation de le voir transmis aux mains de
ses enfants. Aussi, souvent la dureté de ses exigences rendra le partage moralement impossible.

Nous reconnaissons la justesse et la force de
ces observations, aussi avons-nous déjà avoué que
le législateur aurait dû peut-être écarter le principe de l'égalité en nature dans le partage d'as-

cendant ; mais, puisqu'il ne l'a pas fait expressément, et puisque dès-lors nous devons appliquer
au partage d'ascendant les principes ordinaires,
nous ne saurions, sans inconséquence, repousser
l'application de l'art. 827, qui n'est que la suite
nécessaire des principes que nous avons admis.

Du reste, l'ascendant pourra éviter la licitation
en faisant le partage par acte entre-vifs ; en effet,
nous pensons que le partage entre-vifs n'est pas
assujetti à l'égalité en nature. Toutefois, cette
assertion doit être justifiée, car la distinction à
établir sur ce point entre les deux formes de partage n'est pas généralement admise par la doctrine et la jurisprudence.

La raison péremptoire de distinguer est pour
nous le fait du consentement des copartagés, qui,
absent du partage testamentaire, est nécessaire
dans le partage entre-vifs. Les descendants ont eu
connaissance de leur lot et de celui de leurs copartagés; l'inégalité dans la nature des biens n'a
pu leur échapper : dès lors l'acceptation qu'ils ont
donnée a ratifié la composition des lots, et fermé
la porte à toute réclamation postérieure sur ce
point.

On fait à ce raisonnement plusieurs objections.
Le consentement donné au partage n'empêche pas
le cohéritier lésé d'intenter plus tard l'action en
rescision. Pourquoi en serait-il autrement dans
notre espèce où, en somme, le descendant éprouve

une lésion d'un genre particulier? C'est que ce genre particulier de lésion est, de sa nature, beaucoup moins grave que l'autre ; et, en effet, le législateur lui-même le tolère quelquefois (art. 891). Dès lors il ne peut être considéré comme un vice du consentement, d'autant plus que c'est seulement par exception que la lésion peut avoir aux yeux du législateur la force de vicier le consentement des parties.

Mais les descendants, dit-on encore, ne sont pas entièrement libres ; car ils sont retenus par le respect filial. L'art. 1114 renverse cet argument : cet article, en effet, refuse formellement de voir dans la crainte révérentielle un vice du consentement.

Mais on force les descendants à s'attirer de la part de leur ascendant une exhérédation partielle ! Les descendants sont en face d'une alternative dont les deux branches leur sont défavorables : ils devront choisir entre deux maux le moindre, sans réclamation possible, puisque les deux situations qui leur sont faites sont également légales.

Mais leur consentement est nul, car en réalité il porte sur une succession future. Le consentement a bien pour objet une succession future ; mais il n'est pas nul cependant, puisque la loi, en permettant le partage entre-vifs, a précisément fait exception à la défense des conventions sur succession future. Nous sommes donc fondé à conclure, malgré les graves objections qu'on nous oppose et une jurisprudence généralement contraire (Bordeaux, 7 janvier 1853; req., 25 février 1856; *id.*, 11 août 1856; Agen, 17 nov. 1856; en sens contraire, Agen, 29 novembre 1852), que l'inégalité en nature dans les différents lots peut être une cause de rescision dans le partage testamentaire, mais non dans le partage entre-vifs.

2° Autres causes de rescision. Le partage pourrait encore être rescindé pour toutes les causes qui permettent d'annuler les testaments ou les contrats; nous n'entrerons pas dans le détail sur ces points qui ne sont pas particuliers aux partages d'ascendant.

SECTION III.

Conditions de l'exercice de l'action en rescision.

« *L'enfant, qui pour une des causes exprimée en l'art. 1079, attaquera le partage fait par l'ascendant, devra faire l'avance des frais de l'estimation, et il les supportera en définitive, ainsi que les dépens de la contestation, si la réclamation n'est pas fondée.* » (Art. 1080.)

Cet article a été introduit pour prévenir les contestations indiscrètes et légères. La loi, qui a mis sa confiance dans l'ascendant, présume que son œuvre est bien faite, et impose à celui qu veut l'attaquer des conditions plus sévères que de droit commun. Ainsi, d'ordinaire, le demandeur n'est pas contraint de faire l'avance des frais d'estimation; et même, s'il succombe, il peut n'être chargé que d'une partie des frais, grâce à la compensation que l'art. 131 du Code de procédure permet de prononcer entre frères et sœurs. Ces deux bénéfices sont refusés au descendant qui attaque le partage pour lésion ou pour avantage excessif.

Nous pouvons à ces cas ajouter ceux que la loi n'a pas prévus, et dans lesquels cependant le partage peut être rescindé. Les motifs sont identiques, mais il n'en peut être ainsi des actions en nullité. En effet, l'art. 1080, en ne rappelant que l'article précédent, exclut formellement l'article 1078; et d'ailleurs il en doit être ainsi en raison, car l'action en nullité étant de sa nature beaucoup plus grave que l'action en rescision, il ne fallait pas mettre d'obstacle à son exercice, d'autant plus qu'étant aussi plus nette et plus tranchée, elle ne sera presque jamais invoquée légèrement.

SECTION IV.

Effets de la nullité ou de la rescision.

Si le partage est annulé ou rescindé, il est censé n'avoir jamais eu d'existence en tant que partage, mais il faut se rappeler que l'acte anéanti comme partage peut souvent valoir comme donation.

Supposons d'abord que l'acte est attaqué du vivant de l'ascendant. Cette hypothèse ne peut évidemment se présenter que pour le partage entre-vifs et que dans le cas où l'on admet avec nous que l'acte a, du vivant même de l'ascendant, le caractère d'un partage; l'action se fondera alors sur une lésion. Dans ce cas, la donation survivra à l'annulation du partage, et les biens remis à la masse commune seront de nouveau partagés d'après les principes ordinaires. Ce n'est, en effet, que la distribution qui est vicieuse et nullement l'acte en tant que donation attributive de droit. Les biens rentreront dans la masse francs et quittes de toutes charges, et ces charges ne reparaîtront que si, par l'effet du nouveau partage, les biens grevés sont placés au lot de l'ancien détenteur. Les biens feront retour à la masse dans l'état où ils se trouveront lors de la rescision ; mais les copartagés se devront mutuellement compte des dépenses nécessaires intégralement et des dépenses utiles jusqu'à concurrence de la plus-value si elle est inférieure aux sommes déboursées. Les copartagés sont propriétaires, bien que leur propriété soit résoluble ; aussi leur possession à titre de propriétaire leur assurera les fruits perçus jusqu'au jour de la demande.

Supposons maintenant que l'acte est attaqué après la mort de l'ascendant. Dans ce cas, il faut distinguer selon que le partage d'ascendant a été fait par testament ou par acte entre-vifs.

S'il a été fait par testament, l'acte annulé comme partage l'est aussi, et nécessairement comme acte de dernière volonté, et tout se passera comme si l'ascendant était mort intestat. Un testament, en effet, n'est susceptible d'aucune modification venant de tout autre que du testateur lui-même.

Les descendants devront donc remettre dans la succession les biens qu'ils ont indûment possédés. Tous les biens rentreront francs et quittes de toute charge, et devront être rapportés en nature; le droit commun s'appliquera pour le règlement des impenses; les fruits seront dus à partir de la demande, en cas de rescision, parce qu'alors le partage existe, bien qu'irrégulier, et suffit pour constituer les copartagés propriétaires; en cas de nullité, les fruits seront dus à partir du jour où les cohéritiers auront eu connaissance de la cause de nullité, car le partage, étant sans existence aux yeux de la loi, ne saurait leur conférer la qualité de propriétaire; ils ne peuvent donc avoir droit aux fruits qu'en qualité de possesseurs de bonne foi.

Si le partage a été fait entre-vifs, sa nullité comme partage ne l'empêche pas, comme nous l'avons vu plus haut, de valoir comme donation ordinaire. Dès-lors les biens devront être remis dans la masse; mais d'après les règles du rapport; les immeubles ne seront donc pas toujours rapportés en nature, et les meubles le seront selon leur valeur au moment de la confection de l'acte. Par suite, les aliénations consenties et les charges imposées avant le nouveau partage ne seront pas toujours anéanties. Du reste, nous devrons donner les mêmes solutions que dans l'hypothèse du partage testamentaire, en ce qui concerne le règlement des impenses et des fruits.

SECTION V.

Fins de non-recevoir contre les actions en nullité ou en rescision.

Plusieurs fins de non-recevoir peuvent s'opposer à l'exercice des actions en nullité ou en rescision : nous allons les examiner rapidement dans des paragraphes distincts.

§ Ier. *Prescription.*

Nous devons d'abord distinguer entre le cas où le partage est rescindable et celui où il est radicalement nul.

1° *Action en rescision*. Dans ce premier cas, l'acte de partage, bien qu'annulable, a une existence légale ; et, si le vice qui l'infecte, vient à disparaître, l'acte deviendra désormais inattaquable. Or ce vice peut se couvrir selon le droit commun par un certain laps de temps, passé sans réclamation.

Ce laps de temps est fixé à dix ans par l'article 1304 toutes les fois qu'il s'agit d'une convention, et que la loi n'a pas fixé un moindre espace de temps par une disposition particulière. Nous appliquerons sans hésiter cette règle au partage entre-vifs qui n'est qu'une convention. Nous l'appliquerons même à l'action en rescision pour avantage excessif qu'établit l'art. 1079 *in fine ;* nous avons vu en effet que cette action ne doit pas se confondre avec l'action en réduction ordinaire, qui ne se prescrit que par trente ans.

Pour le partage entre-vifs il y a sur ce point une vive controverse. Même dans ce cas des auteurs admettent que l'action en rescision se prescrit par dix ans. En effet, disent-ils, ce partage équivalant à celui que les descendants auraient eu à faire eux-mêmes, et ne venant que pour le remplacer, doit être soumis à la même prescription.

Nous ne saurions nous ranger à ce système ; en effet le partage testamentaire ne constituant pas une convention, et n'impliquant pas le consentement des descendants apportionnés, ne peut être régi par la prescription exceptionnelle de l'art. 1304, et doit rentrer dans le droit commun de la prescription trentenaire. (Cass., 25 novembre 1857.)

2° *Action en nullité*. Un acte nul n'est qu'un pur fait, et n'a pas d'existence en droit : aussi il n'est pas susceptible d'acquérir par le seul laps de temps une existence légale qu'il n'a jamais eue. L'action en nullité contre un tel acte ne peut donc jamais être repoussée par une prescription directe. Toutefois le laps de temps réuni à certaines circonstances peut produire des résultats analogues à ceux d'une prescription véritable de l'action en nullité. C'est ainsi que lorsque les copartagés ont possédé séparément les biens de la succession pendant 30 ans au moins, date de l'ouverture de l'action en nullité, un descendant omis ne peut plus demander la nullité du partage parce que son action en pétition d'hérédité est prescrite. Cette espèce de prescription indirecte est commune au partage entre-vifs et au partage testamentaire.

Nous savons dans quels cas la prescription pourra se produire, et quelle est sa durée : il nous faut maintenant fixer son point de départ.

Il est de principe qu'une prescription contre une action ne peut courir qu'à partir du jour où l'action a pu en droit être intentée. Nous n'avons donc ici qu'à rappeler les solutions que nous avons données et établies plus haut.

D'abord, pour le partage testamentaire, le point de départ de la prescription sera évidemment le décès de l'ascendant, puisque c'est seulement alors que le partage produit des effets, et peut être attaqué.

Pour le partage entre-vifs il faut distinguer entre les différentes causes de nullité ou de rescision. Celles dont l'exercice suppose l'ouverture de la succession, comme l'action en nullité pour omission d'un ayant-droit, ou l'action en rescision pour avantage excessif, ne se prescriront aussi qu'à partir du décès de l'ascendant. Mais celles qui peuvent s'exercer du vivant de l'ascendant, comme l'action en rescision pour lésion, se prescriront à partir du jour du partage. Cette solution est vivement contestée par la doctrine et presque entièrement rejetée par la jurisprudence. (Cass., 7 janvier 1863; 19 décembre 1859 ; 25 février 1855; 31 janvier 1853, etc. —En sens contraire, Agen, 1ᵉʳ juin 1858, et Cass., 4 fév. 1845.) Mais nous n'hésitons pas à l'admettre comme une conséquence nécessaire des principes que nous avons établis plus haut.

Les descendants, dit-on, vont se trouver ainsi dans la dure nécessité ou de laisser prescrire leur action en rescision ou de s'exposer, en attaquant le partage du vivant de l'ascendant, au mécontentement de ce dernier, et à toutes les pertes pécuniaires qui peuvent en résulter. D'abord il n'y a là qu'une considération morale qui ne saurait modifier les principes du droit ; et en outre, il est gratuit de supposer que l'ascendant se trouvera blessé par une action en rescision qui a pour base une erreur de calcul et non une frande de sa part. Dans tous les cas, et même en supposant que l'action en rescision dût froisser la susceptibilité de l'ascendant et le porter à faire aux autres des libéralités préciputaires, le descendant lésé ne saurait trouver dans le danger qui menace de le frapper à la suite de son action un juste prétexte pour suspendre la prescription qui court contre son droit d'agir (art. 2251).

Du reste, dans notre système, même dans le cas de lésion, l'action en rescision ne sera pas nécessairement perdue pour le descendant lésé après dix ans, date de la confection du partage. En effet, à la mort de l'ascendant, il a acquis avec le titre d'héritier un nouveau droit à l'égalité, qui lui donne un nouveau droit à la rescision pour lésion de plus du quart, et cette nouvelle action ne se prescrira qu'à partir du jour où elle a pu être intentée, c'est-à-dire à partir du jour de l'ouverture de la succession. Mais elle suppose que les biens ont changé de valeur dans l'intervalle qui sépare la confection du partage de l'ouverture de la succession; autrement, en effet, la ratification qu'implique la prescription, s'appliquant au partage d'une même masse composée des mêmes biens ayant la même valeur, rendrait le descendant lésé non recevable dans son action après dix ans, date de la confection du partage.

§ II. *Ratification.*

Le partage d'ascendant n'est susceptible d'aucune ratification quand il est nul de nullité absolue. Quand il n'est que rescindable, il est, comme tout contrat et comme le partage ordinaire en particulier, susceptible de ratification.

La ratification peut être expresse ou tacite : dans les deux cas elle n'est efficace qu'autant qu'elle se produit à une époque où les vices du partage pourraient être couverts et la rescision demandée. Si donc il s'agit d'une rescision pour lésion, la ratification pourra se produire même du vivant de l'ascendant ; s'il s'agit d'une cause qui présuppose l'ouverture de la succession, elle ne pourra se produire valablement qu'après le décès de l'ascendant.

Du reste, dans le cas où la ratification peut se produire du vivant de l'ascendant, nous devons donner la même solution que pour la prescrip-

13

tion, et décider que cette ratification portant sur le partage de la donation collective ne s'étendra au partage de la succession que si un changement dans la valeur des biens n'a pas amené, lors de l'ouverture de la succession, une lésion qui n'existait pas lors de la confection du partage.

Si la ratification est expresse, elle devra, pour être valable, se conformer exactement aux dispositions de l'art. 1338 1°. Quelques personnes refusent d'admettre ce genre de ratification en cas de lésion, prétendant qu'alors il ne peut y avoir d'autre ratification qu'une ratification intéressée ; mais nous n'admettons pas cette restriction au texte absolu de l'art. 1338 1°. Le juge seulement devra apprécier si, lors de la ratification, la partie lésée a retrouvé l'entière liberté d'esprit dont l'absence avait permis au législateur de considérer le consentement comme vicié.

Si la ratification est tacite, elle est régie par le 2° de l'art. 1338. Il est clair que l'acceptation du partage ne peut être considérée comme une ratification tacite : nous avons admis cependant que cette acceptation ratifie un partage entaché de l'espèce de lésion qui résulte de l'inégalité dans la nature des divers apportionnements.

L'exécution volontaire de l'acte après l'époque à laquelle il pouvait être valablement confirmé suffit pour en opérer la ratification. Du reste, il faut évidemment que l'exécution volontaire, pour valoir ratification ait eu lieu en pleine connaissance du vice dont le partage était atteint avec un consentement absolument parfait et avec l'intention de renoncer à l'action que le vice de l'acte pouvait autoriser. (Cass., 9 mai 1855; Nîmes, 22 avril 1858, etc.)

L'aliénation de son lot ou d'une partie de son lot par le descendant qui pourrait demander la rescision du partage peut aussi avoir la force d'une ratification, mais seulement quand on trouve dans l'aliénation consentie tous les caractères d'une exécution volontaire ; et lorsque cette exécution volontaire aurait elle-même le pouvoir de ratifier le partage.

SECTION VI.

De la clause pénale opposée à l'action en nullité ou en rescision.

Nous avons vu que les causes de nullité ou de rescision assez nombreuses peuvent annuler le partage d'ascendant. Parmi les moyens donnés à l'ascendant pour essayer de prévenir la destruction de son partage, il en est un qui, à cause de l'efficacité de ses résultats et de sa fréquence dans la pratique, doit surtout attirer notre attention. Nous devons d'autant plus l'examiner avec soin que sa validité juridique est vivement contestée.

Il consiste à priver de toute part dans la quotité disponible le descendant qui attaque le partage. Par ce moyen, l'ascendant peut détourner d'attaques irrespectueuses et inconsidérées ceux de ses descendants que leur intérêt aurait portés autrement à critiquer le partage. Le plus souvent en effet le descendant qui aurait eu, sans la clause, intérêt à la nullité, se verra, grâce à elle, intéressé à maintenir le partage, et la cupidité, qui aurait pu jeter le trouble et la discorde dans la famille, se trouvera concourir avec les meilleurs sentiments de respect et de confraternité pour en assurer le repos. Cette clause se recommande donc par de puissantes considérations morales.

Examinons maintenant sa valeur juridique. Il est de principe qu'un donateur ou un testateur peut imposer à sa disposition les conditions qu'il lui plaît, et ce n'est que par exception que certaines conditions sont prohibées par la loi. Il résulte de là que la clause que nous examinons est sur la défensive, et que c'est à ses adversaires à prouver qu'elle n'est pas valable : nous allons poser les différents arguments invoqués en ce sens.

D'abord, a-t-on dit, cette clause constitue au fond une libéralité faite à des personnes incertaines. Il y a, sans doute, quelque incertitude sur la question de savoir qui profitera de la portion du disponible enlevée à celui qui attaquera le partage; mais les personnes qui en pourront profiter sont assez déterminées, au moins dans leur classe, sinon dans leur individualité, pour que la libéralité qui leur est faite soit parfaitement valable.

On objecte encore que la clause doit être considérée comme non écrite, car elle rentre dans les conditions qu'annule l'art. 900 du Code Napoléon. Cette assertion n'est aucunement fondée : d'abord il est bien évident que la condition de ne pas attaquer le partage n'est pas impossible, ni contraire aux bonnes mœurs. Elle n'est pas davantage contraire aux lois. En effet, de deux choses l'une : ou le partage a été bien fait, ou il a été mal fait. Dans le premier cas, il est non-seulement permis, mais ordonné par la loi de ne pas attaquer le partage; dans le second cas, le descendant peut parfaitement renoncer à un droit qui n'engage en rien l'ordre public, et est uniquement d'intérêt privé. Donc la condition qui impose aux descendants l'obligation de ne pas attaquer le partage ne saurait, sous aucun rapport, se trouver en opposition avec la loi.

On a dit encore que cette clause est une clause pénale, c'est-à-dire une disposition essentiellement accessoire, qui, aux termes de l'art. 1227, tombe avec la disposition principale. S'il s'agissait d'une action en nullité, on comprendrait que, par application de l'art. 1227, la clause pénale fût annulée. Alors, en effet, la disposition principale n'ayant en droit aucune existence, ne pourrait soutenir la disposition qui n'en est que l'accessoire. Mais notre question ne se soulève guère à propos de l'action en nullité ; la cause la plus fréquente de l'action en nullité sera l'omission d'un ayant droit, et, dans ce cas, l'ascendant n'aura pas de raison d'introduire la clause pénale ; il comprendra, en effet, que le descendant omis ne craindra pas de perdre par sa réclamation sa part dans la quotité disponible, puisqu'il a été privé par le partage de toute part de cette quotité, et même dans la réserve. Nous pouvons donc ne nous occuper que de l'action en rescision. Or, l'existence d'une cause de rescision rend le partage annulable, mais ne lui ôte pas immédiatement toute existence légale. Dès lors, puisque le partage même irrégulier subsiste en droit, la clause pénale qui en est l'accessoire peut subsister elle-même d'autant plus qu'elle a ici pour but et pour effet d'amener la ratification de l'acte rescindable. C'est ainsi qu'une obligation annulable peut être valablement cautionnée, bien que le cautionnement soit l'accessoire de l'obligation. Donc, on ne saurait encore opposer l'art. 1227 à la validité de la clause pénale.

Enfin, dit-on, si cette clause est valable, l'as-

cendant y trouvera un moyen presque infaillible
d'éluder les conditions que la loi a imposées au
partage. Nous reconnaissons que l'ascendant
pourra, en effet, au moyen de cette clause, obtenir souvent ce résultat fâcheux ; mais ces abus
possibles de la clause sont largement compensés
par les heureux résultats qu'elle peut produire,
et que déjà nous avons indiqués. D'ailleurs, la
loi ne sera pas réellement éludée, puisque toujours les descendants pourront attaquer le partage irrégulier, sauf à s'exposer aux rigueurs de
l'ascendant, et ces rigueurs conditionnelles n'ont
en elles-mêmes rien de contraire à la justice et
au droit, puisque la loi permet d'en frapper les
descendants même par une disposition pure et
simple. De cette discussion il résulte que, d'accord avec une jurisprudence constante (Cass.,
1er mars 1830 ; 1er mars 1831; Bordeaux, 9 juin
1863, etc.), et les traditions de l'ancien droit,
nous reconnaîtrons là validité de la clause qui
prive de toute part dans la quotité disponible les
descendants qui, à tort ou à raison, auront attaqué le partage fait par l'ascendant.

CHAPITRE VI.

SORT D'UN PARTAGE FAIT PAR UNE AUTRE PERSONNE
QU'UN ASCENDANT.

Jusqu'à présent nous avons toujours supposé

avec le Code que c'est un ascendant qui distribue ses biens entre ses descendants. Voyons maintenant ce qui se passerait si une autre personne qu'un ascendant avait fait une pareille distribution entre ceux qui doivent recueillir ses biens après sa mort.

On pose souvent cette question ainsi : un collatéral, ou un descendant, ou un étranger, peut-il faire un partage d'ascendant ? Ainsi posée, la question présente dans ses termes mêmes une contradiction flagrante. Ce qu'on veut rechercher, c'est évidemment si un non-ascendant peut faire un partage qui produise identiquement les mêmes effets que le partage d'ascendant. Cette question est fort complexe, et nous devons la diviser pour la résoudre.

Occupons-nous d'abord du descendant : nous n'hésitons pas à affirmer que le partage fait par un descendant ne pourra pas produire tous les effets du partage d'ascendant.

Il est de principe, en effet, que la réserve doit arriver intacte, et dans sa quotité, et dans sa distribution, à ceux auxquels la loi l'attribue. Or, comme nous l'avons vu, par le partage d'ascendant, la réserve arrive aux réservataires toute distribuée, et quelquefois même amoindrie. Pour que ces résultats dussent être tolérés, il fallait nécessairement un texte formel de la loi : ce texte existe quand il s'agit d'un ascendant qui partage, il n'existe pas quand le partage est fait par un descendant. Il en résulte, qu'en ce qui concerne les biens réservés du moins, le descendant ne pourra faire une distribution entre-vifs ou testamentaire qui soit obligatoire après sa mort. Est-ce à dire que pour la portion disponible le descendant ne pourra faire un partage semblable à celui que la loi permet à l'ascendant ? En aucune façon, en effet, pour la portion disponible le descendant jouit d'une entière liberté de disposition, et il peut appliquer cette liberté à imiter exactement les effets que la loi accorde au partage d'ascendant. Il suffira qu'il manifeste clairement sa volonté. Il n'est même pas nécessaire qu'il énonce en détail chacun des effets qu'il veut faire produire à ses dispositions ; c'est ainsi que par cela seul qu'il aura dit qu'il veut faire un partage, on devra décider qu'il a voulu accorder à chacun de ses héritiers présomptifs le droit à la garantie et un lot proportionné à son droit héréditaire. Par suite, il y aura lieu à nullité pour omission d'un ayant-droit, à rescision pour lésion; enfin, toutes les règles ordinaires du partage deviendront applicables. Du reste, il y aura toujours pour le juge à trancher une question d'intention et à interpréter jusqu'à quel point le descendant a voulu astreindre sa liberté de disposition aux règles ordinaires du partage.

Examinons maintenant l'hypothèse où c'est un

collatéral qui distribue ses biens. Ici on ne rencontre plus de réserve ; dès lors la liberté du propriétaire n'est plus limitée par aucun obstacle, et il peut se rapprocher beaucoup plus par sa libre volonté des règles ordinaires du partage d'ascendant. En effet, ce que nous avons dit dans l'hypothèse précédente au sujet des biens disponibles s'applique entièrement ici, puisque tous les biens sont disponibles pour un collatéral. (En ce sens, Caen, 2 décembre 1847.) Toutefois, précisément parce que la réserve n'existe pas dans cette hypothèse, toutes les règles du partage d'ascendant ne seront pas encore applicables ; c'est ainsi que jamais le partage fait par un collatéral ne pourra être annulé par la seconde cause de rescision que prévoit l'article 1079 (avantage excessif).

Enfin, les mêmes principes devront régir la distribution faite par un étranger entre ceux qu'il s'est donnés pour héritiers.

Nous pouvons donc, en nous résumant sur ce point, dire que jamais un partage fait par un non-ascendant ne pourra produire identiquement les mêmes effets que le partage d'ascendant. Il pourra s'approcher plus ou moins de son modèle, selon les différentes hypothèses, sans jamais se confondre avec lui, et d'ailleurs une immense différence séparera toujours ces diverses espèces de partage.

L'ascendant est soumis, dès qu'il prend la voie d'un partage, à toutes les règles de ce partage, et il ne lui est plus permis de s'en écarter.

En effet, il a eu recours à une institution spéciale organisée par la loi; il est assujetti aux principes de cette institution. Celui-ci, au contraire, qui n'étant pas ascendant fait entre ses héritiers présomptifs le partage de ses biens, conserve toute sa liberté de disposition; il peut expressément ou tacitement suivre les règles du partage d'ascendant, comme il peut s'y soustraire. Sa volonté n'est pas enchaînée dans le cercle d'une institution spéciale dont la loi a déterminé avec précision les conditions et les effets.

CHAPITRE VII.

DE LA NATURE ET DU CARACTÈRE LÉGAL DU PARTAGE D'ASCENDANT.

Maintenant que nous avons examiné en détail les diverses questions particulières que soulève le partage d'ascendant, nous pouvons, en réunissant dans un système rapide les solutions spéciales que nous avons démontrées, préciser la nature et le caractère légal du partage d'ascendant dans notre droit.

Parlons d'abord du partage testamentaire. Ce partage est bien au fond un acte d'attribution;

en effet, grâce à lui, le droit de chaque descendant qui se serait étendu sur chacun des biens
de la masse indivise, se trouve limité exclusive-
ment aux objets qui lui sont attribués. Aussi la
loi l'a-t-elle soumis aux formes des actes de
disposition. Mais, c'est aussi et surtout, contrairement au droit romain et à la généralité de
notre ancien droit, un véritable partage. En effet,
ce partage laisse subsister la vocation héréditaire
de chacun des héritiers ; il ne fait que prévenir
l'office du juge par une distribution anticipée de
de la succession, et est soumis aux règles du
partage ordinaire ; c'est ainsi qu'il est nul pour
omission d'un ayant-droit, et rescindable pour
lésion dans la quotité ou dans la nature des
lots.

De là résulte que la faculté pour les ascendants
de partager leurs biens entre leurs enfants et
celle d'en disposer par préciput ont été nettement distinguées et séparées par le législateur.
Chacune des deux facultés leur a été accordée,
même cumulativement, et cela, soit dans le même
acte, soit dans des actes séparés ; mais chacune
d'elles reste distincte, et conserve son caractère
et ses effets propres. Ainsi, tandis que d'une part
l'ascendant ne peut dans son partage produire
tous les effets d'une disposition par préciput et
enlever à un de ses enfants plus du quart de sa
portion, même quand cet enfant se trouverait

avoir sa réserve ; d'autre part il jouit dans son partage d'un droit qu'il n'aurait pas dans un acte de dispositions préciputaires, et peut quelquefois entamer la réserve sans qu'il y ait lieu à réduction. Il peut aussi avantager indirectement un de ses descendants dans la distribution des biens, sans que cet avantage soit régi par les principes des dispositions par préciput.

On voit donc que le partage d'ascendant fait par testament est dans notre droit actuel un acte d'une nature mixte : il est à la fois attributif et distributif, et ne rentre parfaitement ni dans les règles des dispositions préciputaires, ni dans celles du partage. Dans les rapports de l'ascendant avec les descendants, ce sont les principes des actes de disposition qui dominent ; dans les rapports des descendants entre eux, ce sont les principes du partage; mais, dans tous les cas, ces principes ne sont jamais absolument purs, et se trouvent toujours mélangés d'éléments hétérogènes.

De là résulte que le partage d'ascendant forme en réalité une institution spéciale qui emprunte quelques principes aux actes de disposition et aux partages, mais qui en somme les modifie entièrement en les combinant entre eux, et en forme des principes nouveaux qui lui sont entièrement propres.

Jusqu'ici nous n'avons parlé que du partage

testamentaire. Pour le partage entre-vifs les mêmes caractères se rencontrent. Le caractère attributif est même encore plus nettement accentué, puisque les descendants reçoivent, grâce à lui, la propriété de biens auxquels ils n'ont encore aucun droit, et puisque souvent, par suite de prédécès, d'indignité ou de renonciation, ces biens leur resteront définitivement par la seule force du partage entre-vifs.

Toutefois, nous croyons que, surtout dans les rapports des descendants entre eux, il ne faut pas exagérer ce caractère attributif de l'acte, et perdre complétement de vue les principes du partage.

Pour nous, le partage entre-vifs du vivant de l'ascendant n'est pas encore un partage de succession ; mais ce n'est pas non plus une simple série d'avancements d'hoirie sans lien entre eux ; c'est déjà un partage véritable en même temps qu'une donation ; c'est le partage d'une chose devenue commune entre les donataires par une attribution collective.

Nous avons vu les conséquences importantes qui découlent de cette manière d'envisager le partage d'ascendant entre-vifs, surtout en ce qui concerne la rescision pour lésion. Du reste, jusqu'au décès de l'ascendant l'acte reste une pure donation collective à des donataires conjoints ; il n'est donc en rien régi par les principes des successions, et ne forme pas encore un acte à part ayant sa nature et ses effets propres.

A la mort de l'ascendant, son caractère peut changer; et, du moins entre ceux des descendants qui sont héritiers, le partage peut devenir un partage de succession. Alors se produiront toutes les conséquences juridiques qu'entraîne cette nouvelle qualité de l'acte. Le partage d'ascendant prendra le caractère d'originalité que nous avons reconnu à cette institution : alors, en effet, l'éventualité pour laquelle l'acte a été fait se réalise.

Tels sont les résultats généraux auxquels nous a conduits l'étude des dispositions particulières édictées par le législateur.

APPENDICE PREMIER.

Du partage d'ascendant au point de vue fiscal.

Il ne nous reste plus pour achever l'étude dn partage d'ascendant qu'à l'examiner au point de vue fiscal, et dans les modifications qu'il subit dans les législations étrangères.

Au point de vue fiscal, le partage d'ascendant fait par testament n'offre aucune dérogation aux principes qui régissent les mutations par décès en général ; aussi nous n'aurons pas à nous en occuper ici. Mais il en est autrement du partage entre-vifs : nous y rencontrons des dispositions spéciales qui méritent une étude particulière.

Dans l'ancien droit les démissions de biens et toutes les donations entre-vifs en ligne directe étaient traitées au point de vue fiscal comme mutations après décès.

Les lois du 22 frimaire an VII (art. 69) et du 27 ventôse an IX (art. 10) avaient assujetti les donations entre-vifs, même en ligne directe, à un droit plus élevé que celui des mutations après décès. Ce droit plus élevé s'appliqua naturellement au partage d'ascendant entre-vifs qui, comme nous l'avons vu, constitue vis-à-vis des tiers une véritable donation.

En 1824, on proposa de l'abaisser au taux fixé pour les mutations après décès. Les deux transmissions portent sur les mêmes biens et s'opèrent également à titre gratuit entre les mêmes personnes. La seule différence est que celle qui résulte de la donation entre-vifs s'opère plus tôt; or cette différence devait encore contribuer à lui attirer la faveur de la loi, puisque cette transmission immédiate peut, en déchargeant l'ascendant d'une administration devenue trop lourde, faciliter l'établissement des enfants, et remettre l'exploitation des biens à des mains plus vigoureuses et plus actives.

Toutefois, la grande raison des besoins du Trésor empêcha cette proposition de produire toutes ses conséquences légitimes. Provisoirement on limita la réduction aux donations qui son favorables entre toutes, à celles qui aux avantages des autres donations joignent encore celui de prévenir les procès qui pourraient naître du partage de la succession et ressemblent le plus aux mutations après décès. Le partage d'ascendant entre-vifs fut donc seul admis à profiter de la réduction proposée. Voici les termes de la loi du 16 juin 1824, art. 3 :

« *Le droit d'enregistrement fixé par les § 4 et 6 de l'art. 69 de la loi du 22 frimaire an VII pour les donations entre-vifs en ligne directe à 1,25 p. 100 sur les biens meubles, et à 2,50 sur les immeubles, est réduit, en ce qui concerne les donations portant partage faites par acte entre-vifs, conformément aux articles 1075 et 1076 C. N., par les pères et mères et autres ascendants entre leurs enfants et descendants, au droit de 0,25 p. 100 sur les biens meubles, et 1 p. 100 sur les immeubles, ainsi qu'il est réglé pour les successions.* »

Depuis cette loi, le droit à payer pour les meubles a été élevé au taux du droit dû pour les immeubles. (Loi du 18 mai 1850, art. 10.)

Une seconde faveur fut accordée par la loi de 1824 au partage d'ascendant : le droit de transcription, ordinairement obligatoire, y fut déclaré facultatif; et, comme le plus souvent les descendants n'ont pas à se défier de leur ascendant donateur, ils ne feront pas transcrire le partage, et échapperont ainsi au droit de un et demi p. 100 qui frappe toute donation entre-vifs ordinaire lors de l'enregistrement, même indépendamment de la transcription réelle.

De ce court exposé historique de la matière, il résulte clairement que la réduction de droit accordée au partage d'ascendant est une exception, et doit, comme telle, être exactement restreinte dans les termes mêmes de la loi. On a souvent soutenu le contraire en disant que la loi de 1824 n'était qu'un retour aux principes généraux qu'on devait toujours faire prévaloir en l'absence d'un texte contraire. Mais nous ne saurions admettre cette opinion ; en effet, le législateur, sollicité de revenir pleinement aux principes généraux, a sciemment refusé de les consacrer entièrement ; il n'y est revenu que pour partie, et a laissé tout ce qu'il n'en a pas formellement distrait sous l'empire du principe antérieur qu'il a entendu maintenir. Nous ne devons donc pas seulement considérer ce que le législateur aurait dû faire ; mais avant tout ce qu'il a voulu faire.

A la lumière de ce principe général nous allons examiner quelques-unes des controverses les plus graves qu'a soulevées la pratique.

Et d'abord la réduction établie par la loi de 1824 s'appliquera-t-elle à l'abandon pur et simple de ses biens que l'ascendant a fait par acte entre-vifs en faveur de ses descendants, sans avoir partagé entre eux les biens abandonnés ? La Régie avait d'abord ordonné à ses agents de réclamer le droit ordinaire des donations ; mais une jurisprudence constante qui dure encore a condamné ces prétentions que la Régie elle-même a désavouées (Cassation, 26 avril 1836, fils du roi Louis-Philippe ; *id.*, 15 avril 1850).

Quoiqu'il en soit, nous pensons que dans ce cas la réduction ne devrait pas être accordée. En vain, dit-on que ce que la loi a voulu favoriser surtout c'est la transmission des biens aux descendants du vivant même de leur ascendant ; nous avons montré que l'innovation proposée, en 1824, avait été présentée, en effet, avec cette étendue ; mais que le législateur avait positivement refusé de l'admettre pour tous les avancements d'hoirie, et l'avait limitée au partage d'ascendant. Le texte même de la loi de 1824 n'applique la réduction qu'aux donations *portant partage conformément aux art.* 1075 *et suiv.* Or, un acte qui, abandonnant des biens à des donataires conjoints, établit ainsi une indivision, et fait naître, par conséquent, la nécessité d'un partage ultérieur, est précisément l'opposé d'un partage. L'interprétation contraire est un véritable contresens. De plus, l'esprit du législateur est parfaitement conforme au sens que le texte commande : « *La commission*, dit M. Borel de Bretizel, dans la séance du 10 mai, *forcée d'opter entre deux améliorations toutes deux désirables, mais qui ne pouvaient marcher de front a accordé la préfé-*

*rence à un acte qui tend à établir la paix dans les
familles et à donner au père la possibilité de régler avant sa mort la fortune de ses enfants.* »
(Supplément au *Moniteur* du 12 mai 1824). Or,
l'abandon de biens n'a pas le caractère de cet
acte préféré ; donc, il ne peut jouir de la réduction accordée par la loi de 1824.

Il résulte de là que cette réduction ne pourra
pas s'appliquer quand l'abandon sera fait à un
enfant unique. Ici même, par une inconséquence
choquante, la Régie demande et la jurisprudence
lui accorde le droit ordinaire des donations (Cassation, 13 août 1838).

Le droit ordinaire des donations devra encore
être perçu quand un aïeul partage ses biens entre
ses petits-enfants du vivant de leurs pères et
mères. La jurisprudence et l'administration
avaient d'abord adopté la solution contraire, en se
fondant sur les termes de la loi de 1824 et de
celle de frimaire an VII (art. 60, § 3) qui com-
prennent les enfants et les petits-enfants (Cassation, 30 décembre 1834).

Mais un examen plus approfondi de la question les ramena bientôt aux véritables principes :
elles comprirent que la disposition autorisée par
les art. 1075 et suiv. n'est que l'image d'une
succession dont elle hâte l'ouverture ; et, par
conséquent, ne peut s'appliquer qu'à ceux qui
sont héritiers présomptifs du partageant (Cassat.,

4 janv. 1847; 26 janvier et 5 juin 1848; 21 juillet 1851.)

Il est certain que la réduction ne doit pas s'appliquer aux biens attribués par un partage d'ascendant à des étrangers.

Il en est de même pour les biens attribués à un héritier présomptif, mais à titre de préciput (Cassation, 8 juin 1841).

Quand le partage contient une cause de rescision, la Régie n'a pas le droit d'exciper de ce vice pour contester le caractère de l'acte, et réclamer le droit ordinaire des donations. L'acte, en effet, a une existence légale tant qu'il n'a pas été rescindé, et la Régie n'est pas dans la classe des personnes limitativement autorisées par la loi à demander la rescision du partage.

Quand le partage d'ascendant est atteint d'une nullité absolue, il semble qu'on devrait admettre le droit ordinaire de donation : il n'en est rien cependant.

Supposons d'abord que l'acte est nul parce qu'il n'a pas été fait entre tous les descendants : la Régie ne pourra pas considérer l'acte comme inexistant en tant que partage ; la nullité en effet n'est qu'éventuelle, et peut disparaître par la mort ou la renonciation du descendant omis.

La Cour de cassation, après avoir condamné cette solution (23 janvier 1828), est revenue sur sa décision, et a fini par admettre notre système dans un arrêt célèbre (26 avril 1836, fils du roi Louis-Philippe).

Si nous supposons maintenant que l'acte est frappé de nullité absolue parce qu'il n'a pas été fait en la forme authentique, nous devrons encore repousser les prétentions de la Régie : nous devrons même lui refuser dans ce cas, non-seulement, comme fait la jurisprudence (Cassation, 21 déc. 1831 et 13 déc. 1837), le droit ordinaire des donations, mais même le droit réduit des partages d'ascendant. En effet, l'acte étant dans ce cas radicalement nul, n'a aucune existence légale, et ne peut produire la mutation de propriété qui sert de base à la perception d'un droit.

Si les parties font un nouveau partage pour réparer les vices du premier, la Régie ne pourra pas percevoir un nouveau droit; ce serait en effet prélever deux droits sur la même mutation.

La perception du droit de soulte dans le partage d'ascendant a donné lieu pendant longtemps à de vives discussions. Contrairement au principe de l'effet déclaratif posé dans l'article 883 du Code Napoléon, les soultes dans le partage ordinaire sont soumises à un droit proportionnel. Le législateur a suivi une tradition de l'ancien régime du centième-denier. Il semble, en raison, que ce droit exceptionnel ne devrait pas être appliqué aux soultes du partage d'ascendant : en effet, dans ce cas, celui qui doit la soulte ne tient rien de celui à qui la soulte est due, et tient tout directement de l'ascendant donateur. De plus, l'ancienne jurisprudence n'a jamais hésité à déclarer inapplicable aux démissions de biens le droit proportionnel imposé au partage ordinaire. Aussi la Régie avait-elle reconnu elle-même pendant plus de quarante ans que le droit proportionnel ne devait pas être perçu dans le partage d'ascendant. Mais plus tard elle se ravisa, et prétendit au droit proportionnel, sous prétexte que la loi de frimaire an VII n'avait fait dans son texte aucune distinction.

La jurisprudence rejeta ces prétentions nouvelles (Cass., 23 fév. 1841 et 21 mai 1844); et l'on pouvait croire la législation fixée d'une manière certaine en ce sens.

Mais la loi des finances du 18 mai 1850, dans son article 5, introduisit un droit nouveau ; et, contrairement aux traditions comme aux principes de la matière, elle décida que le partage d'ascendant serait soumis, pour les soultes, au même droit proportionnel que le partage ordinaire.

Telles sont les principales questions que soulève le partage d'ascendant, considéré au point de vue fiscal.

APPENDICE DEUXIÈME.

Du partage d'ascendant dans les législations étrangères.

Dans la plupart des législations étrangères, le

partage d'ascendant ne forme pas une institution spéciale, et reste sous l'empire des principes qui régissent les donations et les testaments.

Quelques pays étrangers ont cependant fait du partage d'ascendant une institution spéciale : dans ce cas, ils n'ont guère fait que copier notre Code.

C'est ainsi que le Code sarde (art. 1115 à 1120) et le Code d'Haïti, ne sont que la reproduction exacte de nos articles; et que le Code des Deux-Siciles (art. 1031 à 1036) se borne à ajouter à notre article 1076 que « ces actes seront considérés comme des successions anticipées. » Le Code de la Louisiane (art. 1717 à 1726) se contente d'ajouter deux articles qui remplissent une lacune que la doctrine et la jurisprudence ont dû combler chez nous : l'article 1725 permet au défendeur à l'action en rescision, d'arrêter cette action par l'offre d'un supplément; l'article 1726 décide que la rescision du partage n'entraîne pas la nullité du don fait par préciput.

Le Code hollandais est celui qui s'éloigne le plus de nos dispositions : dans son art. 1169, il exige que le partage soit fait dans un acte notarié, ce qui est plus rigoureux qu'utile ; dans son article 1170, il dit que l'action en rescision du partage fait par l'ascendant, est prescrite par le laps de trois ans, à partir de son décès, ce qui tranche une question vivement controversée chez nous, et ne permettrait pas de considérer, dans cette législation, le partage d'ascendant comme un partage de chose commune.

POSITIONS.

DROIT ROMAIN.

I. L'action *familiæ erciscundæ* est dite mixte parce que, bien que personnelle de sa nature, elle produit par l'*adjudicatio* des effets semblables à ceux du *jussus* dans les actions réelles.

II. Même avant Gordien l'action *familiæ erciscundæ* était considérée comme une action de bonne foi.

III. Il faut supprimer la négation dans la loi 37 *fam. ercisc.* au Digeste.

IV. Justinien, par sa loi 1, § 1, *De annali exceptione* au Code, a certainement rendu prescriptible l'action *familiæ erciscundæ*.

V. La phrase « *Contra quoque, si is heres.....* » de la loi 29 *fam. ercisc.*, au Digeste; vise, non pas une exception opposable à l'action *pigneratitia directa*, mais l'action *pigneratitia contraria*.

VI. La loi 1 au Code *Communia de legatis* ne devait s'appliquer qu'avant le partage.

DROIT FRANÇAIS.

I. La loi du 17 nivôse an II n'a pas eu la force virtuelle de rendre imposible le partage d'ascendant.

II. Deux conjoints ne peuvent effectuer valablement le partage anticipé de leur communauté afin de donner une base certaine à leurs partages d'ascendant faits par actes testamentaires.

III. L'article 1038 relatif à la révocation tacite des legs par une aliénation, ne doit pas s'appliquer au partage d'ascendant fait par testament.

IV. Dans un partage d'ascendant fait par acte testamentaire, les petits-enfants sont censés vulgairement substitués aux descendants du premier degré.

V. Le partage d'ascendant fait par acte entre-vifs doit être considéré du vivant de l'ascendant comme le partage d'une chose devenue commune par suite d'une donation collective.

VI. Dans le cas d'un partage d'ascendant fait par acte entre-vifs, l'action en rescision pour lésion peut s'intenter dès le moment de la confection du partage, et les biens s'estiment dans ce cas d'après leur valeur à cette même époque. Néanmoins, l'action en rescision pour lésion n'est pas toujours définitivement prescrite après dix ans, date du partage. Il faut, pour cette prescription définitive, qu'aucune lésion nouvelle ne se produise lors du décès de l'ascendant par suite d'un changement survenu dans la valeur des biens depuis la confection du partage.

VII. La prescription des actions en rescision qui peuvent entraîner la nullité d'un partage d'ascendant fait par acte testamentaire ne s'accomplit que par trente ans.

VIII. Dans le cas d'un partage d'ascendant fait par acte entre-vifs, les descendants, même institués à titre universel, ne sont tenus des dettes présentes de leur auteur que si cette charge leur a été expressément ou tacitement imposée.

IX. Les biens compris dans un partage d'ascendant fait par acte entre-vifs doivent.être comptés pour le calcul de la quotité disponible.

X. L'enfant naturel peut et doit être compris dans le partage d'ascendant.

XI. Lorsqu'un descendant se trouve avoir, par suite du partage d'ascendant et d'un don par préciput, un avantage plus grand que la loi ne le permet, il y a lieu, non pas à une action en réduction de l'avantage, mais à une véritable action en rescision du partage d'ascendant.

XII. Si dans un partage d'ascendant fait par testament, les lots ne sont pas composés de biens de même nature, il y a lieu à une action en rescision du partage, par application des art. 826 et 832 du Code Napoléon.

XIII. Cette cause de rescision n'existe pas si le partage d'ascendant a été fait par acte entre-vifs.

XIV. Est valable la clause par laquelle un ascendant prive de toute part dans la quotité disponible celui de ses descendants qui attaquerait le partage.

DROIT ADMINISTRATIF.

I. Lorsqu'un ascendant abandonne ses biens à ses enfants par acte entre-vifs sans les partager entre eux, la Régie peut percevoir le droit ordinaire des donations entre-vifs.

II. Quand le sol d'un chemin appartient à un particulier, le préfet ne peut, par voie de classement, attribuer à une commune, sans indemnité préalable, la propriété de ce chemin.

DROIT CRIMINEL.

I. La diffamation des morts rentre sous l'application de la loi pénale.

II. Une femme qui, poursuivie pour infanticide, a été acquittée par la Cour d'assises, peut être traduite devant le tribunal de police correctionnelle pour homicide par imprudence.

DROIT CRIMINEL.

I. Une nation neutre ne rompt pas la neutralité, par le seul fait qu'elle laisse construire dans ses ports, par des particuliers, des navires de guerre destinés à l'un des belligérants.

II. Les traités qui ont cessé de s'appliquer pendant la guerre ne renaissent pas de plein droit au retour de la paix.

HISTOIRE DU DROIT.

I. L'origine de la censive et même du fief se trouve surtout dans les *Patrocinia vicorum.*

II. Dans la monarchie franque, la loi applicable à chaque individu était déterminée par sa nationalité, et non par son choix.

Vu par le Président de la Thèse,
DUVERGER.

Vu par le Doyen de la Faculté,
C. A. PELLAT.

Permis d'imprimer,
Le *Vice-Recteur*,
A. MOURIER.

TABLE DES MATIÈRES.

———

DROIT ROMAIN.

De l'action familiæ erciscundæ.

DROIT FRANÇAIS.

Du partage d'ascendant.

PREMIÈRE PARTIE.

NOTIONS HISTORIQUES.

DEUXIÈME PARTIE.

DROIT ACTUEL.

PREMIÈRE PÉRIODE.

APPENDICE Ier.